業務への影響をいち早く解説

民法改正で金融実務はこう変わる！

清文社

はしがき

　「民法（債権関係）の改正に関する要綱」（以下「要綱」という）が、本年2月開催の法制審議会総会で原案どおり採択され、法務大臣に答申されました。これを受け、改正法案が国会に上程され、いわゆるハネ改正の内容も明らかになったことから、取引実務への影響を具体的に検討すべき時期が到来したと思われます。

　これまで、私たちは、「債権法改正」に対して、当然に強い関心を持って確認を行ってきており、また、意見交換のうえ、業界団体経由で意見を申し述べてきたところです。そこで、要綱の決定を機会に、こうしたこれまでの活動を踏まえ、改正予定内容を銀行業務や信託業務の観点より把握し、それが私たちにとってどのように理解されるか、実務面への影響やその具体的な内容として何が考えられるかを中心に検討し、本書をとりまとめたものです。今後想定される債権法に関するさまざまな議論に、わずかであっても参考となれば幸いだと考えています。

　要綱は、議論の結果を40項目にまとめていますが、審議の結果、要綱に盛り込まれなかった事項もあります。本書の作成に際しては、まずは実務への影響を検討する必要性が高い項目を優先して取り上げていますが、各記述の中で、こうした要綱に表れていないことにも言及している部分があります。また、信託法をはじめとする信託法制への影響が想定される部分についても、必要に応じてとりあげるようにしています。

　本書の執筆者は、債権法改正に関して日常的に意見交換を行ってきた任意の研究会のメンバーです。その多くは、80余年振りの改正であった現行信託法制定時にも法務実務の現場にいた者であり、さらに今回、110数

年ぶりの民事基本法の改正に立ち会える喜びを感じているところです。なお研究会は、三井住友信託銀行法務部の所属員を中心とするものですが、必ずしもそれに限らず、関係会社の職員や金融関係の最前線で活躍する新進気鋭の弁護士も含まれています。本書での記述内容は、この研究会での議論を踏まえた部分も多々ありますが、意見にわたる部分は、特定の法人・団体を代表するものではありません。

　本書の刊行に多大なご尽力をいただいた清文社東京編集部の鶴崎敦氏をはじめ、本書執筆にご協力をいただいた多くの方々に対し、この場を借りて厚く御礼申し上げます。

　最後に、ともに研究を行い、本書の執筆も担っていただいた松野幸三君が、本書の出版を待つことなく、3月に永眠されたことは、痛恨の極みです。謹んで本書をご霊前に捧げたい。

2015年4月

執筆者を代表して
三井住友信託銀行法務部　関　貴志

はしがき

第1節 意思表示

Q01 意思表示の効力発生時期、意思表示の受領能力等に関して、どのような改正が予定されていますか？ ………………………………… 1

第2節 錯誤

Q02 債権法の改正によって、意思表示に錯誤があった場合の取扱いはどうなりますか？ ………………………………………………………………………… 4

第3節 代理

Q03 代理（無権代理以外）に関して、どのような改正が予定されていますか？ ……………………………………………………………………………… 7

Q04 代理（無権代理）に関して、どのような改正が予定されていますか？ ……………………………………………………………………………… 11

第4節 消滅時効

Q05 時効期間について主な変更点を教えて下さい。 ……………… 13

Q06 時効の中断はどのように変わりますか？ ……………………… 16

Q07 時効が更新された場合、新たな時効期間は何年になりますか？ ……… 21

Q08 協議による時効の完成猶予とはどのような制度ですか？ ……… 22

Q09 時効に関して、そのほかにどのような改正が予定されていますか？ … 24

第5節 法定利率

- **Q10** 法定利率について変動制が導入されるとのことですが、概要を教えて下さい。 …………………………………………………………………………… 26

第6節 債務不履行による損害賠償

- **Q11** 債務不履行による損害賠償の成立要件とその免責事由について、どのような変更が予定されていますか？ ………………………………………… 30
- **Q12** 損害賠償の範囲について、どのような変更が予定されていますか？ … 33
- **Q13** 損害賠償の範囲の見直しに伴い、金銭債務の不履行の場合の特則の取扱いはどうなりますか？ ……………………………………………………… 36
- **Q14** 「債務の履行に代わる損害賠償」というこれまでの民法にはない規律が予定されていますが、どのようなものですか？ ………………………… 38
- **Q15** 債務不履行による損害賠償の関連で、そのほかにどのようなものが規律されますか？ ……………………………………………………………… 40

第7節 契約の解除

- **Q16** 解除と債務不履行における債務者の自らの責めに帰すべき事由との関係はどのようになりますか？ ……………………………………………… 42
- **Q17** 契約を催告して解除する場合の要件はどのようになりますか？ ……… 44
- **Q18** 催告をしないで契約を解除する場合の要件は、どのようになりますか？ …………………………………………………………………………… 46
- **Q19** 債権者の帰責事由と解除との関係は、どのようになりますか？ ……… 49
- **Q20** 契約が解除された場合の効果はどのようになりますか？ ……………… 50
- **Q21** 解除権は解除権者がどのようなことをした場合に消滅するのでしょうか？ …………………………………………………………………………… 52

第8節 危険負担

Q22 危険負担についての規律はどのような点が変わるのでしょうか？ …… 54

Q23 履行不能の場合の反対給付の規律については、どのようになりますか？
……………………………………………………………………… 57

第9節 債権者代位権

Q24 債権者代位権の要件に関して、どのような改正が予定されていますか？
……………………………………………………………………… 60

Q25 債権者代位権の効果に関して、どのような改正が予定されていますか？
……………………………………………………………………… 62

Q26 訴えによる債権者代位権の行使、および債権者代位権の転用に関して、それぞれどのような改正が予定されていますか？ ……………… 65

第10節 詐害行為取消権

Q27 詐害行為の取消しの効果が変わるとのことですが、概要を教えて下さい。
……………………………………………………………………… 67

Q28 転得者を相手方とする場合の規律が変わるとのことですが、概要を教えて下さい。
……………………………………………………………………… 69

Q29 詐害行為取消権につき、変わる点、変わらない点を教えて下さい。
……………………………………………………………………… 71

第11節　連帯債務

- **Q30** 連帯債務者の一人に生じた事由の他の連帯債務者への効力に関する規律はどのように変更されますか？ ……………………………………… 84
- **Q31** 連帯債務者の一人に対する履行の請求の効力について、現行法の規律が要綱で変更されているとのことですが、実務上どのような点に留意すべきでしょうか？ ………………………………………………………… 89

第12節　保証債務

- **Q32** 個人保証については、どのような場合に制限されるのでしょうか？ … 93
- **Q33** 個人保証の制限の対象となる場合、どのような方法で公正証書を作成することになるのでしょうか？ ……………………………………… 98
- **Q34** 保証契約締結に関して誰がどのような情報を提供する必要があり、金融機関としてはどのような対応をとる必要があるのでしょうか？ ……… 101
- **Q35** 保証契約締結後の金融機関による情報提供義務について教えて下さい。 ……………………………………………………………………… 104
- **Q36** 個人根保証については要綱ではどのような改正が予定されていますか？ …………………………………………………………………… 106
- **Q37** その他、要綱では保証債務についてどのような改正が予定されていますか？ …………………………………………………………………… 109

第13節 債権譲渡

- **Q38** 譲渡制限特約の効力について教えて下さい。……………………… 114
- **Q39** 譲渡制限特約付き債権を債権者が債務者の承諾なく譲渡した後に別の第三者から当該債権の差し押さえを受けました。債務者として、留意するべき点を教えて下さい。……………………………………………… 121
- **Q40** 預貯金債権の特則について教えて下さい。………………………… 124
- **Q41** 将来債権を譲渡する場合の留意点を教えて下さい。……………… 127
- **Q42** 債権を譲り受けする際の債務者から承諾を受ける際の留意点を教えて下さい。……………………………………………………………… 130
- **Q43** 債権譲渡の通知を譲渡人から受けた後に取得した譲渡人に対する債権と当該譲渡債権とを相殺することはできますか？………………… 132

第14節 債務引受

- **Q44** 併存的債務引受に関する規律は金融実務にどのような影響を与えますか？……………………………………………………………………… 135
- **Q45** 免責的債務引受に関する規律は金融実務にどのような影響を及ぼしますか？……………………………………………………………………… 138

第15節 弁済

- **Q46** 第三者弁済（特に債務者が行方不明等のためその意思が確認できない場合）の規律はどのように変わりますか？……………………………… 143
- **Q47** 預貯金に関する定め（過誤払の場合の効力・預貯金口座への振込による弁済の効力）はどのような内容となりますか？……………………… 148

第16節　弁済による代位

- **Q48**　一部弁済による代位の場合の規律はどのように変わりますか？ 152
- **Q49**　担保保存義務に関する規律はどのように変わりますか？ 155

第17節　相殺

- **Q50**　相殺に関する主な変更点を教えて下さい。 158

第18節　更改

- **Q51**　債権法の改正によって更改の目的と効果はどのように変更されますか？ 162
- **Q52**　債権法の改正によって更改による当事者の交替の制度はどのように変更されますか？ 164
- **Q53**　債権法の改正で更改後担保の移転に関して、どのような変更がありますか？ 167

第19節　定型約款

- **Q54**　定型約款とはどのようなものでしょうか？ 169
- **Q55**　どのような場合に、定型取引を行う契約に、定型約款の内容が適用されるのでしょうか？ 172
- **Q56**　定型約款の内容についての開示義務はどうなっていますか？ 174
- **Q57**　定型約款の変更について教えて下さい。 176

第20節 売買

- **Q58** 売買の対象となる物や権利が契約の内容に適合しない場合、買主は売主に対してどのような請求をすることができますか？ ……………………… 179
- **Q59** 契約不適合による権利行使に期間制限はありますか。その他売買についての改正点にはどのようなものがありますか？ …………………… 183

第21節 消費貸借

- **Q60** 消費貸借の主な変更点を教えて下さい。 ……………………………… 187
- **Q61** 金銭消費貸借契約が諾成契約となったことに伴い、どのようなことに留意すればよいですか？ …………………………………………………… 188
- **Q62** 利息の定義規定が明文化されたことに伴う影響はありますか？ ……… 190
- **Q63** 当事者が期限を定めた場合で、借主が期限前弁済を行った場合、貸主は損害賠償を請求することができる旨の規定が追加されことに伴う影響はありますか？ ………………………………………………………… 192

第22節 賃貸借

- **Q64** 賃貸借についての主な変更点を教えて下さい。 ……………………… 194
- **Q65** 賃貸借の存続期間についての定めはどのように変わりますか？ ……… 197
- **Q66** 賃貸中の不動産を譲渡する場合における、賃貸人の地位についての定めはどのように変わりますか？ ………………………………………… 198

第23節 委任

Q67 受任者の自己執行義務についてはどのような定めがされるのですか？
　　　　　　　　　　　　　　　　　　　　　　　　　　　　200

Q68 報酬についてはどのような変更がありますか？……… 203

Q69 委任の任意解除権については、どのように変わりますか？…… 207

第24節 消費寄託

Q70 預貯金以外の消費寄託についての主な変更点を教えて下さい。……… 210

Q71 消費寄託としての預貯金に係る主な変更点を教えて下さい。………… 213

第25節 組合

Q72 組合員の債権者は、組合財産を差し押さえることはできますか？…… 217

Q73 組合と取引する場合には、誰と契約すればよいのでしょうか？……… 221

Q74 組合についてのその他の改正内容について教えて下さい。………… 225

■法令等の略記
　中間試案………………………民法（債権関係）の改正に関する中間試案
　中間試案（概要付き）………民法（債権関係）の改正に関する中間試案（概要付き）
　中間試案補足説明……………民法（債権関係）の改正に関する中間試案の補足説明

※本書は、平成27年4月1日現在の法令等に基づいて解説しています。

第1節　意思表示

Q01 意思表示の効力発生時期、意思表示の受領能力等に関して、どのような改正が予定されていますか？

A 　隔地者間の契約の成立時期を発信主義から到達主義に変更するという改正や、意思表示の相手方が意思能力を有していなかった場合の規律を規定するという改正等が予定されています。

1　意思表示の効力発生時期等について

（1）　意思表示の効力発生時期、隔地者間の契約の成立時期

　改正前民法は、隔地者に対する意思表示の効力発生時期について到達主義を採るとともに（民法97①）、例外的に、隔地者間の契約の成立時期については、取引の迅速を図るため、発信主義を採っていました（民法526①）。

　この点、民法第97条第1項については、隔地者に対する意思表示だけでなく相手方がある意思表示一般についても適用されるとするのが通説でしたので、要綱ではこれが明記されます（民法（債権関係）部会資料66A、6〜7頁）。

　また、通信手段の発達した今日では発信から到達までの時間は短縮されていることから、要綱では、民法第526条を削除し、隔地者間の契約の成立時期についても到達主義を採ることになります（民法（債権関係）部会資料67A、51〜52頁）。

(2) 通知を発した後の表意者の死亡等

改正前民法は、隔地者に対する意思表示について、表意者が通知を発した後に死亡しまたは行為能力を喪失したときであっても、そのためにその効力を妨げられない旨を規定するとともに（民法97②）、例外的に、申込者が反対の意思を表示した場合、またはその相手方が申込者の死亡もしくは行為能力の喪失の事実を知っていた場合には、同項を適用しない旨を規定していました（民法525）。

この点、民法第97条第2項については、「行為能力の喪失」に保佐および補助も含まれることは異論がなかったことから、要綱では、これを明らかにするために「行為能力の制限」に改めることになります。また、要綱では、意思能力に関する規定が新たに設けられることを踏まえ、意思表示の発信後に表意者の意思能力が喪失した場合も同項の適用対象に含まれることを付記することになります（民法（債権関係）部会資料66A、9〜10頁）。

民法第525条については、相手方側がいつまでに申込者の死亡等の事実を知ったときに同条が適用されるかが明らかでなかったため、要綱では、その基準は「相手方が承諾の通知を発するまで」であることを明らかにすることになります。また、改正前民法では、民法第525条の効果について、単に民法第97条第2項を適用しないと規定するのみで、解釈の余地があったことから、要綱では、その効果は申込みが効力を有しないことであることを明らかにすることになります。さらに、要綱では、民法第525条の申込者の「反対の意思」について、これを「その事実が生じたとすればその申込みは効力を有しない旨の意思」であると具体化するなどの改正を行うことになります（民法（債権関係）部会資料67A、49〜51頁）。

(3) 意思表示の到達擬制

要綱では、従前の裁判例（最判平成10年6月11日民集52巻4号1034頁等）を踏まえ、相手方側が正当な理由なく意思表示の到達を妨げたとき

は、その意思表示の通知は通常到達すべきであった時に到達したものとみなすとの規定が新設されることになります（民法（債権関係）部会資料66A、8～9頁、民法（債権関係）部会資料79-3、1頁）。

2 意思表示の受領能力について

　民法第98条の2は、意思表示の相手方がその意思表示を受けた時に未成年者または成年後見人であったときは原則として当該意思表示をもってその相手方に対抗することができないこと、例外的にその法定代理人がその意思表示を知った後はこれを対抗できることを規定していました。

　要綱では、意思能力に関する規定が新たに設けられることを踏まえ、相手方がその意思表示を受けた時に意思能力を有しない状態であったときについても民法第98条の2と同様の規律を設けることになります。具体的には、かかるときは原則として当該意思表示をもって相手方に対抗することはできないこと、例外的にその法定代理人がその意思表示を知った後または意思能力を回復した相手方がその意思表示を知った後はこれを対抗できることを規定することになります（民法（債権関係）部会資料66A、10～11頁）。

●実務に影響があるポイント●

　改正により、隔地者間の契約の成立時期については、発信主義ではなく民法第97条第1項の到達主義が採られることになります。この点は、自社が取り扱っている隔地者間の契約の管理等に影響を与える可能性があると考えられます。もっとも、民法第97条第1項は任意規定であるため、当事者間の合意によってその適用を回避することは可能とされています（民法（債権関係）部会資料67A、52頁）。

第2節 錯誤

Q02 債権法の改正によって、意思表示に錯誤があった場合の取扱いはどうなりますか？

A 要綱では、錯誤の種類として、意思表示に対応する意思を欠くもの（表示の錯誤）と、表意者が法律行為の基礎とした事情についてのその認識が真実に反するもの（事実の錯誤。いわゆる動機の錯誤）とが挙げられました。そのうえで、その錯誤が法律行為の目的および取引上の社会通念に照らして重要なものであるときなどの要件の下に、取消し得るとの効果が定められました。

1 錯誤の種類

　錯誤の種類について、要綱では、2種類を掲記しています。1つ目は、意思表示に対応する意思を欠くもの（表示の錯誤）であり、2つ目は、法律行為の基礎とした事情についてのその認識が真実に反するもの（事実の錯誤。いわゆる動機の錯誤）です。

　現行法は、錯誤に種類を定めず、ただ単に「錯誤」としています（民法95）。しかし、いかなる錯誤であるかによって、表意者の保護要件を変えるべきであると考えられることから、要綱では、これを区別し、次に述べるとおり、それぞれ要件を定めています。

　なお、中間試案で提示されていた相手方の不実表示に基づく錯誤は、要綱では定められませんでした。錯誤取消しの範囲が広がり過ぎる懸念があり、また、この場合は事実の錯誤として評価し得ることが考慮されたとされています。

2　錯誤の要件

　まず、表示の錯誤、事実の錯誤に共通する要件として、錯誤が法律行為の目的および取引上の社会通念に照らして重要なものであることが必要であるとされています。現行法においては「法律行為の要素に錯誤があったとき」と表現されているところを、より具体的に書き改めたものです。

　また、錯誤が表意者の重大な過失に基づく場合には、相手方において錯誤を知りまたは知らなかったことについて重大な過失があるときや、相手方が表意者と同一の錯誤に陥っていたときを除いて、錯誤を主張することはできないものとされています。

　事実の錯誤については、これらの要件に加え、錯誤に係る事情が法律行為の基礎とされていることが表示されていたことが必要とされています。

　これらの要件は、現在の判例・学説が採用している考え方を明文化したものといえます。

3　錯誤の効果

　現行法において、錯誤の効果は「無効」とされています（民法95）。

　表示の錯誤においては、表示に対応する意思が存在しないことから、錯誤の効果を無効とすることが理論的であるとも思われますが、事実の錯誤においては、意思がないわけではなく、この場合も含んで錯誤の効果を検討する場合、その効果を取消しとすることが考えられます。また、錯誤は表意者保護の規定ですから、錯誤の相手方から無効の主張を許すべきではないと思われます。

　そこで、要綱では、錯誤の効果を取消可能と定められました。

　なお、錯誤による取消しは、善意無過失の第三者に対して対抗することができないものとされています。これは、詐欺取消しの場合と同様の規律です。

●実務に影響があるポイント●

　要綱の内容は、概ね、現在の判例・学説の考え方を取り入れて、これを明文化したものですが、事実の錯誤の要件である「錯誤に係る事情が法律行為の基礎とされていることが表示されている」とは、いかなる場合を指すのか、必ずしも明確ではありません。具体的なあてはめについて争いとなり、解釈論が展開されることも考えられるところです。

　また、錯誤の効果が取消しとされた結果、取消権行使に係る期間の制限に服することになります（民法126）。

【図表 2-1】錯誤の要件・効果

〈要　件〉
　(1) 表示の錯誤
　　　→ ① 意思表示に対応する意思を欠く
　　　　 ② 錯誤が法律行為の目的・取引上の社会通念に照らして重要
　(2) 事実の錯誤（動機の錯誤）
　　　→ ① 表意者が法律行為の基礎とした事情についてのその認識が真実に反する
　　　　 ② 錯誤が法律行為の目的・取引上の社会通念に照らして重要
　　　　 ③ ①の事情が法律行為の基礎とされていることが表示されていた

〈効　果〉
取消しできる

第3節　代理

Q03 代理（無権代理以外）に関して、どのような改正が予定されていますか？

A 　制限行為能力者が他の制限行為能力者の法定代理人としてした行為の取消しを認める改正や、復代理人を選任した場合の任意代理人の責任は債務不履行の一般原則により判断されるとする改正、代理権の濫用の規律を新設する改正等が予定されています。

1　代理行為の瑕疵について

　民法第101条第1項は、「意思表示の効力が意思の不存在、詐欺、脅迫又はある事情を知っていたこと若しくは知らなかったことにつき過失があったことによって影響を受けるべき場合には、その事実の有無は、代理人について決する」と規定していました。

　同項は、代理人の相手方に対する意思表示に関する規律のみを規定したものではなく、相手方の代理人に対する意思表示に関する規律をも規定したものと解されていましたので、要綱では、この点を明文化することになります。

　なお、判例（大判明治39年3月31日民録12輯492頁）は、代理人が相手方に詐欺をした場合における相手方の意思表示についても同項を適用するとしていましたが、要綱により、かかる場合は同項の適用対象外であることが明確になります（民法（債権関係）部会資料66A、11～13頁）。

　また、民法第101条第2項は、「特定の法律行為をすることを委託され

た場合において、代理人が本人の指図に従ってその行為をしたとき」は、本人が悪意であるにもかかわらず代理人の善意を主張することなどは認められない旨を規定していました。

　上記文言からは、特定の法律行為が委託されたことのほかに「本人の指図」があることも同項の要件であるようにも解されますが、判例（大判明治41年6月10日民録14輯665頁）は、「本人の指図」は要件として不要である旨を判示していました。

　そこで、要綱では、判例法理を明文化するため、「本人の指図に従って」を削除することになります（民法（債権関係）部会資料66A、13～14頁）。

2　代理人の行為能力について

　民法第102条は、「代理人は、行為能力者であることを要しない」と規定していました。これは、制限行為能力者が代理人である場合でもその者が代理人としてした行為は取り消すことができないという趣旨ですが、代理人としてした行為を取り消すことができると解する余地もあったため、要綱では、前者の意味であることを明記することになります。

　もっとも、制限行為能力者が他の制限行為能力者の法定代理人としてした行為も取り消せないとすると、本人の保護を十分に果たせないため、このような場合には取消しを認めることになります（民法（債権関係）部会資料66A、14～16頁）。

3　復代理人を選任した任意代理人の責任について

　民法第105条は、任意代理人が復代理人を選任した場合、その選任が本人の許諾を得たものまたはやむを得ない事由によるものであれば、その選任および監督についてのみ責任を負えば足りるものとし、また、その選任が本人の指名に従ったものであれば原則として責任を負わないと規定していました。

しかし、通常の債権者と債務者間において、債務者が債務の履行に第三者を用いた場合には、上記のような事由があったとしても、債務不履行の一般原則に従って債務者の責任の有無が判断されるとされており、バランスを失するとの批判がありました。

そこで、要綱では、民法第105条を削除することになります。これにより、任意代理人が復代理人を選任した場合の債務不履行責任は、債務不履行の一般原則に従って判断されることになります（民法（債権関係）部会資料66A、16～18頁）。

なお、信託法では、受託者による信託事務の処理の第三者への委託については、一定の要件を定めており（信託法28）、この点は民法第105条の削除によっても特段影響を受けないと考えられます。

4 自己契約および双方代理等について

民法第108条は、自己契約（自己を相手方としてする代理行為）および双方代理（当事者双方の代理人としてする行為）を原則として禁止していたものの、これらの行為を行った場合の効果については明記しておらず、判例（最判昭和47年4月4日民集26巻3号373頁等）がこの場合は無権代理と同様に扱う旨を判示していました。

そこで、要綱では、かかる判例法理を明文化することになります（民法（債権関係）部会資料66A、18～22頁）。

また、民法第108条は、自己契約および双方代理に該当しない利益相反行為の禁止については明記していませんでしたが、判例（大判昭和7年6月6日民集11巻1115頁等）は、このような場合も同条の規律が及ぶと判示していましたので、要綱ではこの点を明文化することになります（民法（債権関係）部会資料66A、18～22頁）。

5 代理権の濫用について

　民法では代理権の濫用の場合については規定は設けられておらず、判例（最判昭和42年4月20日民集21巻3号697頁）は、この場合に民法第93条ただし書を類推適用し、相手方が代理権の濫用について悪意または有過失であった場合にはその代理行為の効果を否定していました。

　もっとも、上記判例については、代理権の濫用の場合には代理人はその代理行為の効果を本人に帰属させる意思を有しており、民法第93条ただし書の類推の基礎を欠くとの批判がありました。

　そこで、要綱では、代理権の濫用がなされ相手方がこれについて悪意または有過失であった場合には無権代理とみなすとの規定を新設することになります（民法（債権関係）部会資料66A、22～24頁）。

　なお、信託において受託者が権限を濫用した場合の取扱いについては、従前通り解釈に委ねられると考えられます。

●実務に影響があるポイント●

　改正により、制限行為能力者が他の制限行為能力者の法定代理人としてした行為については取消しが認められることになりました。したがって、金融機関が制限行為能力者と取引を行う際には、制限行為能力者の法定代理人が制限行為能力者であるか否かを確認する必要があると考えられます。

Q04 代理（無権代理）に関して、どのような改正が予定されていますか？

A 表見代理の重畳適用を明文化するといった改正や、代理権消滅後の表見代理における相手方保護要件を明確化する改正、無権代理人の責任追及の要件を新設する改正が予定されています。

1 代理権授与の表示による表見代理について

民法第109条は代理権授与の表示による表見代理について規定していますが、要綱ではこれを維持したうえで、民法第109条と第110条の重畳適用についての判例法理（最判昭和45年7月28日民集24巻7号1203頁）を明文化することになります（民法（債権関係）部会資料66A、26～28頁）。

具体的には、第三者に対して他人に代理権を与えた旨を表示した者は、その他人が第三者との間でその代理権の範囲外の行為をしたときでも、第三者がその他人の代理権があると信ずべき正当な理由があれば、その行為について責任を負います。

2 代理権消滅後の表見代理について

民法第112条は、代理権消滅後の表見代理について、代理権の消滅は「善意」の第三者に対抗することができない旨を規定していました。この「善意」については、単に「代理行為の時に代理権が存在しなかったこと」についての善意を意味するのではなく、「過去に存在をした代理権が代理行為の前に消滅したこと」についての善意を意味すると解するのが判例の立場でしたが（最判昭和32年11月29日民集11巻12号1994頁等）、解

釈に争いがあったことから、要綱では判例と同じ解釈を採ることを明らかにすることになります（民法（債権関係）部会資料66A、28～29頁）。

また、要綱では、民法第112条と第110条の重畳適用についての判例法理（大連判昭和19年12月22日民集23巻626頁）も明文化することになります（民法（債権関係）部会資料66A、29～31頁）。具体的には、他人に代理権を与えた者は、代理権の消滅後に、その他人が第三者との間でその代理権の範囲外の行為をしたときでも、第三者がその他人の代理権があると信ずべき正当な理由があれば、その行為について責任を負います。

3 無権代理人の責任について

民法第117条第2項は、無権代理人が代理権を有しないことを相手方が過失によって知らなかった場合には、同条第1項の無権代理人の責任追及をすることはできない旨を規定していました。

もっとも、たとえ相手方に過失があったとしても、無権代理人が自己に代理権のないことを知っていたのであれば、無権代理人の責任追及を認めるべきと考えられることから、要綱ではこの旨の規定が新設されることになります（民法（債権関係）部会資料66A、31～33頁）。

●実務に影響があるポイント●

改正前は、無権代理人が自己に代理権のないことを知って金融機関を相手方として取引を行った場合でも、金融機関は、自らに過失があれば、無権代理人に対する責任を追及することができない可能性がありました。

しかし、改正により、金融機関はかかる場合も無権代理人に対する責任追及が認められることになります。ただし、金融機関自らに過失がある場合には、責任追及として無権代理人に対し損害賠償請求をしたとしても、過失相殺がなされる可能性があると考えられます。

第4節 消滅時効

Q05 時効期間について主な変更点を教えて下さい。

A 現行法の「権利を行使することができる時」から10年に加え、「債権者が権利を行使することができることを知った時」から5年という時効期間とを設け、いずれかの時効期間が満了した時に消滅時効が完成します。あわせて、職業別の時効期間や商事消滅時効が廃止され、時効期間の単純化・統一化を図ります。

1 現行の時効期間の規定

現行法では、債権の消滅時効の時効期間を原則として「権利を行使することができる時」から10年間としたうえで（民法167）、商行為によって生じた債権については5年間（商法522）とするほか、職業別により短期間の時効期間を定めています（民法170〜174）。金融機関の例でいうと、貸付債権の時効期間は、債権者が銀行の場合、銀行は商法上の商人であるとして商事消滅時効が適用され5年間となります。債権者が信用金庫の場合は、その貸付は商法上の商人ではない者の行為とされるため（最判昭和63年10月18日民集第42巻8号575頁）、債務者側の商行為の該当可否により、5年間または10年間のいずれかが適用されます。

2 時効期間の改正内容

要綱ではこの規律が改められ、現行法の「権利を行使することができる

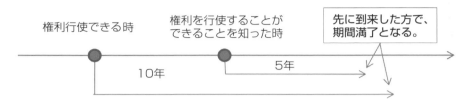

【図表 5-1】 要綱における時効期間

時（客観的起算点）から10年間」に加え、「債権者が権利を行使することができることを知った時（主観的起算点）から5年」という時効期間を設け、いずれかの時効期間が満了した時に消滅時効が完成するとされました（【図表5-1】）。あわせて、商事債権の消滅時効や職業別の短期の時効期間の規定が廃止され、時効期間の単純化・統一化が図られています（要綱第7の1、3）。

3　実務での時効の起算点の適用

　契約にもとづく履行請求権の場合は、通常は期限が到来した場合に債権者はそのことを認識していますので、客観的起算点と主観的起算点は一致します。したがって、金融機関が業務で管理している債権については、原則として主観的起算点が適用され5年間となります。さきほどの金融機関の貸付債権の時効期間の例でいうと、信用金庫など商法上の商人ではない金融機関が債権者で、当該債権が債務者側からみて商行為にあたらない場合を除き、時効期間に変更はないことになります。

　一方、通常業務以外で生じた不当利得返還請求権などの債権の場合、事態発生時点では金融機関がその事実を認識していないことがあります。従来の時効期間は、事態発生時を基準として「客観的起算点から10年」でしたが、改正後は、それに加え「主観的起算点から5年」がいつになるかについても確認する必要があります。例えば、事態発生時から5年経過よ

り前に金融機関が認識した場合は、「主観的起算点から5年」の方が先に期日が到来することから、時効の完成日は事態発生日から10年後より前の時点となり、従来と比べ時効期間が短縮されることになります。

●実務に影響があるポイント●

- 貸付債権など契約にもとづく債権の場合、金融機関の業態および債務者側の商行為の該当可否にかかわらず、時効期間は5年となります。
- 事態発生時点では金融機関がその事実を認識していない債権の場合、「客観的起算点から10年」または「主観的起算点から5年」のうち、いずれか早く到来した時が時効期間の満了時点となります。

Q06 時効の中断はどのように変わりますか？

A 裁判上の手続き等をしたが訴えを取り下げた場合等は、従前は時効が中断しなかったものとされていましたが、要綱では取下げ時から6か月間は時効が完成しないこととされています。また、協議による時効の完成猶予に関する規定が新設されます。

1 制度の整理

「時効の中断」に関し、中断事由については基本的に現行法の規律が維持され制度自体に大きな変更はありませんが、枠組みの整理や一部見直しが行われています。

時効の中断の枠組みですが、従来の時効の中断を「時効の更新」に、時効の停止を「時効の完成猶予」に代えています。そして、これまで時効の中断事由とされていた各事象について、時効の更新事由および（または）時効の完成猶予事由に整理しています。例えば、裁判上の請求の場合、時効の完成猶予事由は訴訟の提起、時効の更新事由は確定判決となります。つまり、時効の完成猶予事由とは債権者の権利行使の意思が明らかとなる事象、時効の更新事由とは債権者の権利の存在が明らかとなる事象と言うことができます。以下では、事態の類型毎に説明します。

2 「裁判上の請求等」および「強制執行等」

「裁判上の請求等」および「強制執行等」については、訴訟の提起や破産手続への参加、担保権実行の申立て等は時効の完成猶予事由とされ、その手続き申立て等の時から各手続きが終了するまでの間、時効の進行が停

第4節 消滅時効

止します。そして、それぞれの手続きの終了時に時効の完成猶予も終了しますが、終了の類型によりその後の取扱いが異なります。各手続きの終了が確定判決等による場合は、時効の更新事由にあたり、各手続きの終了の時点から新たに時効が進行します。この場合の取扱いは、現行法と変更は

【図表6-1】「裁判上の請求」の場合

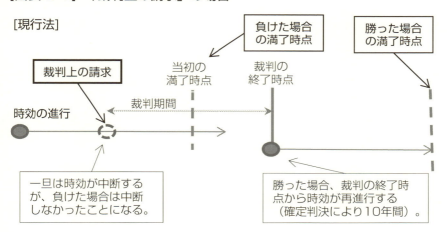

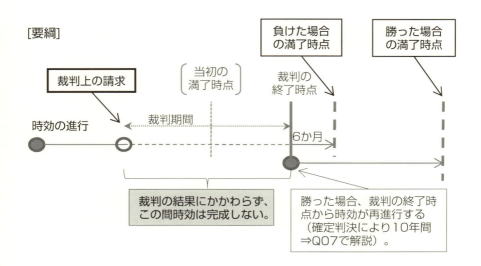

17

ありません。一方、各手続きの終了が裁判等の取下げあるいは請求却下等による場合は、時効は更新されませんので終了時から時効の進行が継続しますが、その場合でも終了時から6か月間は時効が完成しないとされています【図表6-1】。現行法では、裁判等の取下げ等はもとより時効の中断がなかったものとして取り扱われ、手続中の期間の進行の程度によっては裁判等の取下げ時に即時効が完成するということもありえましたが、要綱では、債権者は少なくとも6か月間は時効完成までの期間を確保できることになります。

3 「承認」

「承認」については、承認時に時効が更新されたものとされます（「時効の完成猶予」となるケースは定められていません）。承認の場合の取扱いは、現行法と変更はありません。

4 「仮差押え又は仮処分」

「仮差押え又は仮処分」については、裁判上の請求等をしたが取り下げた場合と同様に、その手続き申立てのときから手続終了時までは時効の完成が猶予され、手続終了時は、その時から時効の進行が継続し、ただし、終了時から6か月間は時効が完成しないことになります。つまり、仮差押えまたは仮処分は、現行法では時効の中断事由でしたが、要綱では時効の完成猶予事由に改められることになります。

ただし、仮差押えまたは仮処分後の一般的な手続きは、本案の訴え提起または当事者との和解等があった場合は取下げとなりますが、本案の訴え提起により引き続き時効の完成は猶予されること、取下げの場合は現行法では時効の中断が初めからなかったことになるのに対し、要綱では手続期間中は時効の進行が停止し、取下げ後も時効完成まで6か月間は確保されることから、実態的には不利益な変更ではないと言えます。

【図表 6-2】時効の完成猶予事由および時効の更新事由

事由	時効の完成猶予		時効の更新
裁判上の請求等	当該事由が終了した時まで	①【確定判決等により権利が確定せず終了した場合】終了時から6か月経過した時 まで	—
			②【確定判決等により権利が確定した場合】当該事由が終了した時
強制執行等	当該事由が終了した時まで	①【申立てを取り下げた場合または法律の規定に従わないことにより取り消された場合】終了時から6か月経過した時まで	—
			②【取下げ等の場合を除き、当該事由が終了した場合】当該事由が終了した時
仮差押え等	当該事由が終了した時から6か月を経過した時まで		—
承認	—		権利の承認があった時
催告	催告があった時から6か月を経過した時まで		—
協議による時効の完成猶予	（詳細はQ08）		—

5 「催告」

「催告」については、催告のあった時から6か月を経過するまでの間は、時効が完成しないとされています。また、その6か月の期間中に催告が再度行われた場合の再度の催告は、時効の完成猶予の効力を有しないとされています。現行法では、催告は時効の中断事由と規定される一方で6か月以内に裁判上の請求等を行わなければ時効の中断の効力を生じないとされており、要綱における催告の効力は、実質的には現行法と同様としつつ、時効の完成猶予事由と整理されています。また、再度の催告の取扱いについては、判例（大判大正8年6月30日民録25輯1200頁）を明文化するものです。

6 協議による時効の完成猶予

今回の時効の改正では、時効の中断の枠組みの整理のほかに、「協議による時効の完成猶予」という制度が新設されます。これは、時効の進行の停止をするためだけに訴えの手続きを行うことを回避することを目的に、当事者間で権利に関する協議（紛争の原因である権利の存否等についての協議）を行う旨の書面による合意があるときは、時効の完成を猶予するというものです。制度の詳細については、Q08で解説します。

●実務に影響があるポイント●

- 裁判上の請求等をして、訴えを取り下げた場合等でも取下げ時から6か月間は時効が完成しないことになるので、現行法と比べて時効の管理面では好ましい変更と言えます。
- 時効の更新事由が承認の場合を除き、時効が更新される場合は時効の完成猶予を経ることになること、また仮差押え等のように従来時効の中断事由とされていたものが時効の完成猶予事由に整理されたものがあることから、時効の管理方法を変更する必要があります。

第4節　消滅時効

Q07 時効が更新された場合、新たな時効期間は何年になりますか？

A 確定判決により時効が更新された場合、従来の規律どおり時効期間は10年間となります。債務承認により更新された場合、主観的起算点からの時効期間が適用されると考えられますので、時効期間は5年間となります。

　現行法では、確定判決により確定した権利は、10年より短い時効期間の定めがあるものであっても、時効期間は10年となります（民法174の2）。この定めについては要綱では変更されていないので、現行法と同様となります（Q06の【図表6-1】）。

　承認により時効が中断された場合、現行法では、商事債権など時効期間5年の債権であれば中断後の時効期間も5年となるように、時効中断後の時効期間は各債権で定められた時効期間が適用されていました。要綱では、当初の時効期間は「主観的起算点から5年」または「客観的起算点から10年」のいずれかが適用されますが、承認により時効が更新された場合、承認の時点で債権者は権利が行使できることを知っていますので、時効更新後の時効期間は、それまで適用されていた時効期間にかかわらず5年となります。

●実務に影響があるポイント●

　時効期間を10年で管理している債権（ただし、通常の業務で発生することはあまりないと考えられますが）について、承認により時効を更新した場合、新たに進行する時効期間は、それまでと異なり5年間となります。現行法にはない取扱いですので、注意が必要です。

Q08 協議による時効の完成猶予とはどのような制度ですか？

A 当事者間で、紛争の原因である権利の存否等についての協議を行う旨の書面による合意がある場合、その時から最長1年間は時効が完成しないという制度です。再度の合意も、期間の上限はありますが可能です。

1 制度の概要

Q6で述べましたとおり、要綱では、時効完成の猶予について、「協議による時効の完成猶予」という新しい制度が創設されます。この制度は、当事者間で権利に関する協議を行う旨の書面（または電磁的記録）による合意があった場合、次のいずれか早い時までの間は時効が完成しないとするものです。

① 当該合意があった時から1年を経過した時
② 当該合意において、当事者が協議を行う期間（1年に満たないものに限る）を定めたときは、その期間を経過した時
③ 当事者の一方が相手方に対して協議の続行を拒絶する旨の書面による通知をした時から6か月を経過した時

この協議による合意は、再度の合意により時効の完成猶予の延長を図ることも可能ですが、この規定によって時効の完成が猶予されなかったとすれば時効が完成すべき時から通じて5年を超えることはできません。

なお、催告により時効の完成が猶予されている期間に行われたこの合意は時効の完成猶予の効力を有しません。また、この規定により時効の完成が猶予されている間に行われた催告についても同様です。

2 想定される利用の場面

　裁判上の請求等法的手段によらず時効を更新する方法としては、債務者による承認がありますが、これは当事者間で債権・債務の存在や範囲に争いがないことが前提となります。また、債権者単独の行為として催告により時効の完成を猶予させることもできますが、こちらは催告の繰り返しによって時効の完成猶予を引き延ばすことが認められていませんので、時効の完成が猶予される期間は、最長で6か月間となります。したがって、当事者間で債権・債務の存在に争いがあるが、その解決に一定の期間を要すると見込まれる場合や、相手方に対し法的手段をとる段階には至っていないと判断する場合において、消滅時効の完成猶予を図るため、本制度の利用を念頭に置きながら債務者との交渉を進めていくことが想定されます。

●実務に影響があるポイント●

　時効の完成猶予について新たな方法が設けられますが、利用を検討する場合はその内容を十分理解する必要があります。また、時効の更新の効果はありませんので、債務の存否に関しての争いに解決の見通しが立たない場合は、協議による時効の完成猶予を利用しつつ、並行して法的手段も検討することになります。

Q09 時効に関して、そのほかにどのような改正が予定されていますか？

A 天災等による時効の完成猶予につき、従来は障害消滅時から「2週間」でしたが、要綱では「3か月」に伸ばされています。その他、いくつか改正または明確化された事項があります。

要綱で時効に関し改正または明確化されたその他の事項に関し、主なものについて説明します。

1 天災等による時効の完成猶予

民法第161条では、「天災その他避けることのできない事変のため時効を中断することができないときは、その障害が消滅した時から2週間を経過するまでの間は、時効は、完成しない」と定められていますが、要綱ではこの2週間の期間が3か月に伸ばされました。

2 不法行為による損害賠償請求権の消滅時効

不法行為による損害賠償請求権の期間の制限について定めた民法第724条の後段「不法行為の時から20年を経過したときも、同様とする」につき、判例は除斥期間を定めたものとしています（最判平成元年12月21日民集43巻12号2209頁）。除斥期間とは、一定期間の経過により権利が確定的に消滅する期間のことをいい、時効のように中断（更新）されることはありません。

要綱では、不法行為による損害賠償請求権について、「被害者又はその法定代理人が損害及び加害者を知った時から3年間行使しないとき」または「不法行為の時から20年間行使しないとき」のいずれかに該当すると

きは、「時効によって消滅する」としており、20年間の期間が消滅時効期間であることを明確にしています（なお、同条前段の「～3年間行使しないときは、時効によって消滅する」については、変更はないことになります。）。

3　生命・身体の侵害による損害賠償請求権の消滅時効

　人の生命または身体の障害による損害賠償請求権の消滅時効について、要綱ではその重大性に鑑み、それが不法行為によるものであるか債務不履行によるものであるかを問わず、時効期間を長期化する規律を新設しています。

　要綱では、不法行為による損害賠償請求権における主観的起算点からの時効期間を「3年」を「5年」に、債務不履行による損害賠償請求権における客観的起算点からの時効期間を「10年」を「20年」に伸ばしています。その結果、いずれの損害賠償請求権に該当するかにかかわらず、生命・身体の侵害による損害賠償請求権の消滅時効の期間は、主観的起算点から5年または客観的起算点から20年となります。

●実務に影響があるポイント●

　これらの改正点は通常の金融機関実務には影響はないものと考えられますが、業務に関し事故や事務過誤等があった場合はこれらの規律が適用されることも想定されます。

第5節 法定利率

Q10 法定利率について変動制が導入されるとのことですが、概要を教えて下さい。

A かねてから、現行法の年5％の法定利率は、現在の低金利と比べて高すぎ、今日の経済に適さないと指摘されていました。そこで、要綱は、利率を現実的なものにするとともに、随時に見直しをすることが可能になる仕組み（変動制）を導入します。

1 改正の骨子

（1）変動制による法定利率（民法第404条関係）

　法定利率は、債権法改正時点で年3％としたうえで、その後は3年ごとに見直しを行います（現行法は年5％の固定利率）。

　見直しは、過去5年間の銀行による短期貸付の平均利率をもとに導かれた「基準割合」と直近変更期（この間、変更がなかった場合には、改正法の施行の期）の「基準割合」の差をとり、この差が1％を超えたときは、小数点以下を切り捨てた上でこの差を「直近変更期の法定利率」に加算または減算する処理を行います。ただし、ある元本債権について適用される法定利率は、その元本債権に係る利息が生じた最初の時点における法定利率によることとされていますので、ある元本債権の存続中に法定利率が3％から4％に変更されたとしても、その利息につきましては当初の法定利率である3％が引き続き適用されることになります。また、約定利率の定めのない金銭債務に係る遅延損害金につきましても、遅延が生じた時点の

法定利率によることになります。

なお、商事法定利率を定めた商法第514条は廃止されます。

（2）金銭債務の損害賠償額の算定に関する特則（民法第419条第1項関係）

法定利率変動制への移行に伴い、利息損害を算定する際の法定利率の基準時が問題となり得ることから、この基準時を「当該債務につき債務者が遅滞の責任を負った時」とすることを明らかにしました。

（3）中間利息の控除

中間利息の控除においても、利息債権と同様の基準での変動法定利率が妥当すること、損害賠償請求権が生じた時点（不法行為の場合は不法行為の時点、安全配慮義務違反の場合は義務違反の時点）が法定利率の基準時であることを明らかにしました。安全配慮義務を理由とする損害賠償では、中間利息控除に用いる法定利率は事故発生時の利率となるのに対し、遅延利息の算定に用いる法定利率は損害賠償請求時の利率となります。

2 具体例

改正法は2018年1月1日に施行され、改正法の施行時の期が2018年1月1日から2020年12月31日になると仮定し（法定利率は3%でスタート）、その次の期の2021年1月1日から始まる期の法定利率を計算してみます（この設例においては種々の仮定を特に断りなく用いています。実際には法務省令を確認する必要があることにご留意ください）。

計算の便宜のため、2012年5月から2017年4月までの各月における短期貸付けの平均利率はすべて1.5%、2017年5月から2020年4月までの各月における短期貸付けの平均利率はすべて4.5%であったとします。

直近変更期（この設例ではまだ法定利率の変更がないので改正法の施行時の期である2018年1月1日〜2020年12月31日）の基準割合は、初日（2018年1月1日）の属する年（2018年）の6年前の年（2012年）の5

【図表10-1 法定利率】

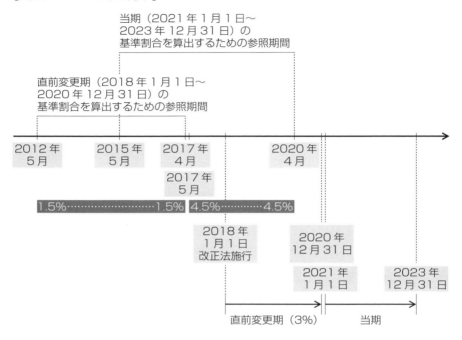

月から前年（2017年）の4月までの各月における短期貸付けの平均利率の合計（90ポイント）を60で除して計算した割合（1.5%）になります。

　当期（2021年1月1日～2023年12月31日）の基準割合は、初日（2021年1月1日）の属する年（2021年）の6年前の年（2015年）の5月から前年（2020年）の4月までの各月における短期貸付けの平均利率の合計（1.5%×24か月＋4.5%×36か月＝198ポイント）を60で除して計算した割合（3.3%）になります。

　直近変更期の基準割合（1.5%）と当期の基準割合（3.3%）との差に相当する割合は3.3%-1.5%＝1.8%であり、1%未満の端数があるときは切り捨てるとされていますので、差に相当する割合は1%になります。

　この1%を、直近変更期（2018年1月1日～2020年12月31日）の法

定利率（3％）に加算した割合（4％）が、当期（2021年1月1日〜2023年12月31日）の法定利率になると考えられます。

●実務に影響があるポイント●

- 利率を約定している場合、それが基本的に優先適用されるのは、改正前と変わりません。ただし、現行法第419条第1項ただし書は維持される前提ですので、遅延損害金の法定利率が約定利率を超えれば法定利率が適用されることになります。
- 利率を約定していない債権について、影響があります。例えば、預金払戻請求訴訟や不法行為による損害賠償請求訴訟において、支払を命じられる遅延損害金は変動利率となり、その計算に事務負担が生じるとともに、もし変動の結果利率が高騰した場合には、現行法におけるよりも支払を要する遅延損害金額が増大するおそれがあります。

第6節 債務不履行による損害賠償

Q11 債務不履行による損害賠償の成立要件とその免責事由について、どのような変更が予定されていますか？

A 現行法においては定めがなく、解釈で認められてきた事項について、新たな規定が設けられます。その結果、規律の明確化が図られることとなります。

■ 変更の内容

(1) 成立要件について

① 債務者が債務の本旨に従った履行をしないときと債務の履行が不能であるときに、損害賠償を請求することができる点に、変わりはありません（要綱第11の1、民法415）。

② なお、現行法では、契約締結時点で履行不能の状態が生じていた場合、契約が無効との帰結になるため、損害賠償を請求するには、契約締結過程上の過失（信義則違反）を追及するというプロセスとならざるを得ませんでした。要綱第26の2により、履行不能の発生時期にかかわらず、履行不能を理由とした損害賠償を請求できることになります。

(2) 免責事由について

① 民法第415条では、履行不能の場合のみに損害賠償責任の免責が認められるかのような規定振りになっていますが、それ以外の債務不履行の場合にも免責が認められていることから、それが明らかになるよ

う改められています。

　また、同様に、同条は免責事由の主張立証を債権者側が行うべきであるかのような規定振りになっていますが、この点も改め、履行義務がある債務者側が負担すべきことが明らかにされています。いずれも、現行の解釈を明文化したものです。

② 債務者が損害の賠償責任を負担するには、過失責任主義という基本原理から、「債務者に帰責事由があること」を要するとされてきました。ここで伝統的通説・判例では、帰責事由とは、「債務者の故意・過失または信義則上これと同視すべき事由」であるとの説明がなされています。

　しかしながら、その具体的に意味するところは不明確であることに加え、一般の取引実務に係る感覚からもそぐわない局面があるし、裁判実務においても、必ずしもそのような考え方には立っていないとされています。

　最近の学説では、債務不履行を理由とする損害賠償責任の根拠は、債務者が契約により債務を負担したことから生ずる契約の拘束力にあるものと理解する、すなわち、契約でリスクの分配がなされているところ、その分配の際に想定されていたとは評価できないような事由によって債務不履行が生じた場合には、損害賠償責任から免責されるという考え方が有力になっています。

　法制審議会民法（債権関係）部会では、裁判実務に即した規律とすることを前提に、上記有力説に基づき、規律変更による影響等に十分に配慮しつつ、慎重な文言検討が行われたものと理解されます。

　その結果、「契約その他の当該発生原因及び取引上の社会通念に照らして債務者の責めに帰することができない事由」を損害賠償責任の免責事由とすることが提案されています（要綱第11の1ただし書）。つまり、債務者がリスクを負担すべき状況にあったかどうかについ

て、契約上の合意のほか、取引通念の観点から、判断されることとなるものと理解されます。

なお、免責事由について上記のように規定された場合も、それは任意規定であるので、契約で債務者の無過失責任を定めた場合に、「取引上の社会通念に照らして」その定めが否定されることはありません（民法（債務関係）部会資料 79-3、10 頁）。

●実務に影響があるポイント●

現行の解釈を明確化したり、裁判実務に則した規律を目指したものであり、実務への影響として、大きく懸念すべきものはないと考えられます。なお、免責事由に関する法制審議会での議論を受け、過失責任主義を完全に放棄するとの理解から、ある時期において、契約にあらゆる事態を想定した定めが必要なのではないかとの懸念が生じたことがありました。上記のような理解から、そのような懸念は不要と考えられますが、改正法施行当初においては、実務上の取扱いに変化が生じていないか、念のため留意が必要かもしれません。

なお信託受託者は、信託事務処理の過程で債務を負担し、また、信託法や契約に基づき受益者に対する債務を負担しますが、こうした信託事務処理の局面に影響を及ぼす要素はないと考えられるため、信託法第 40 条の規律は維持されるものと考えられます。

第６節　債務不履行による損害賠償

Q12 損害賠償の範囲について、どのような変更が予定されていますか？

A 　損害賠償の範囲について学理的な検討がなされ、それを受けて若干の規定文言の変更が生じますが、実務への影響はないものと考えられます。

変更の内容

(1) 損害賠償の範囲

① 　損害賠償の範囲については、社会通念からみて、債務不履行を原因として生じた損害であると認めることが相当かどうかで画定されるとの考え方（相当因果関係説）が通説です。しかしながら、それ以外にも複数の解釈があり、規定の意味について対立が生じている状況にあったほか、裁判実務においても、損害賠償の範囲の決定基準として用いられていない場合もあるともいわれています。

　そこで要綱では、一般的にみて予見すべきであった事情によるものかどうかを基準として、損害賠償の範囲を画することとしています（要綱第11の6）。ここで「予見すべきであった」という規律は規範的な概念である、との説明がなされていますので（潮見佳男著『民法（債権関係）の改正に関する要綱仮案の概要』きんざい、2014年、49頁）、現に予見していたとしても、損害賠償の範囲に含まれないことがあり得ることになると考えられます。これは、損害賠償の根拠として、「債務者がリスクを負担すべき状況にあったかどうか」に求める考え方を採用したことを反映した結果と推測されます。

② 　なお、通常損害・特別損害という構成を残しているのは、実務において賠償範囲の問題を処理するに際して使いやすいとの意見を反映さ

33

せたものとの説明がなされています（法律時報 86 巻 1 号 62 頁、ジュリスト 1456 号 45 頁）。

(2) 予見の当事者・判断基準時点

① 判例では、予見の当事者は債務者、予見可能性の有無を判断する基準時点は不履行時とされており、中間試案ではそれをとりこんだ案文が示されていましたが、明文化するほどに異論がないとまではいえないとの判断から、それぞれ要綱仮案・要綱では明記されていません。したがって、解釈変更の余地が残されたことになります。

② 予見可能性の有無を判断する基準時点について、損害賠償責任の根拠を契約の拘束力にあると理解する立場からは、基準時点を契約締結時点とする考え方が成り立ち得ます。しかしながらそのように規律した場合、契約を破る自由を認めた変更と理解されることともなりかねず、わが国の社会通念にやや反する結果となる場合が生じ得るし、逆に債務者に酷な結果となることもあり得ます。また、判例と相違が生ずることにもなります。

このことから、基準時点を定めることはしないこととされたものと思われます。中間試案では、両時点間での規律、すなわち「契約締結後に生じた結果に対して債務者が損害回避措置を講じた場合の処理」がありましたが、上記に伴い要綱仮案の段階で脱落しているので、解釈で判断されることになります。

●実務に影響があるポイント●

　現行の解釈を可能な範囲で明確化したり、裁判実務に即した規律を目指したものであり、実務への影響として、大きく懸念すべきものはないと考えられます。

　信託受託者において債務不履行が生じ、信託法第40条第1項第1号に従って信託財産にその損失の填補を行う場合にも、実務への影響として懸念すべき事項はありません。

　なお、中間試案の段階では、「契約による債務の不履行に対する損害賠償の範囲」として提案がされていたが、要綱仮案の段階で「契約による」の部分が脱落しました。信託関係は、契約ではなく単独行為で成立する場合（遺言による信託の設定、自己信託）があります。しかしながら、受託者の義務（債務）については、こうした信託の成立の事情にかかわらず信託行為により定められるほか、信託法においても受託者の義務を信託の成立事由に応じて規律をすることはしていません。この脱落がなかった場合には、将来において解釈上の疑義が生じる可能性がなくもなかったのですが、その懸念も解消されています。

Q13 損害賠償の範囲の見直しに伴い、金銭債務の不履行の場合の特則の取扱いはどうなりますか？

A 金銭債務の不履行の場合に、その損害賠償の範囲および免責要件について、一般原則を適用すべきか否かが検討されましたが、結果として、現行法が維持されます。

検討の経過と結果

民法第 419 条が、概ね維持されることになります（要綱第 9 の 2）。

法制審議会民法（債権関係）部会では、損害賠償の範囲や免責要件に係る規律の検討の過程で、金銭債務に関する特則である民法第 419 条の見直しの要否についても、検討が加えられています。中間試案の段階では、損害賠償の範囲について、同 419 条第 1・2 項を維持しつつ、一般原則に基づいた請求を可能とすること、免責要件については、不可抗力を抗弁とすることができない旨の同条第 3 項を削除することが提案されていました。しかしながら要綱仮案以降の段階ではこれらの提案が撤回され、法定利率の基準時の定めが追加された点を除き、現行法が維持されています。

中間試案は、損害賠償の範囲について、金銭債務の不履行により、債権者が必ずしも法定利率（約定利率が法定利率を超える場合には、約定利率）で資金調達できるとは限らないのだから、法定利率との差額の賠償は認められるべきである、また、免責要件について、比較法的にみて金銭債務だけ厳格な規律とすることに合理性が見出せないことに加え、激震災害時を想起すれば、不可抗力を理由とする免責は認められるべきであるとの考え方からの提案でした。

これに対し、中間試案後の議論においては、損害賠償の範囲について、その特定が困難であることや、因果関係のある損害として広い範囲を請求

するような濫用的な事案（例えば、高額の取立費用を含めて請求する事案）が多数生ずることが懸念されるとの意見が出されました。また、免責要件については、金銭債務が実務において大量に発生している中で、個別に免責の可否を判断することに対する負担や、不可抗力による免責の主張が多数生じることを懸念する意見がありました。

　この結果、意見の一致を見ず、現行の規律を維持することとしたものと理解されます。

●実務に影響があるポイント●

　銀行実務では、被相続人の預金について、相続人や相続分の確定を待って払戻す取扱いが一般的ですが、払戻しに至るプロセスは、遺言・遺産分割協議・遺産分割審判の有無や、相続財産の内容に応じ、多様に存在します。民法第419条第1項は、こうした多数存在する事案を定型的に処理するという観点からは、有用な規定です（この点は、相続財産に合同運用信託受益権や投資信託受益権が存在する場合も、同じ）。

　また、今回の改正により諾成的消費貸借契約が生ずることとなりますが（要綱第32の1（1））、これにより生ずることとなる「貸す債務」が金銭債務と考えられるのであれば、予想外の損害賠償請求が回避されるという効果もあります。

　したがって、銀行実務への影響という見地からは、要綱の規律は望ましい内容と考えられます。

Q14 「債務の履行に代わる損害賠償」というこれまでの民法にはない規律が予定されていますが、どのようなものですか？

A これまで解釈により認められていた填補賠償請求権について明文化が図られ、どのような場合に請求が可能なのかが、明らかにされました。

検討の経過と結果

　債務不履行による損害賠償請求が認められる場合であって、一定の要件を満たすときには、債権者は債務の履行に代え、損害の賠償（填補賠償）を請求することができるものとされてきました。しかしながら、民法において、これを定めた条文がなかったため、どのような場合にそれが可能なのかが明らかではなかったほか、填補賠償を請求するに際して、契約の解除が必要なのかどうかも明らかではありませんでした。

　このため、法制審議会民法（債権関係）部会では、これまでの判例を踏まえ検討がなされてきました。

　その際、履行請求権と填補賠償請求権の併存が認められるかどうか（填補賠償請求権は、履行請求権が転形したものか。填補賠償請求に際しては、契約の解除が必要なのか）、履行期前に履行の拒絶があった場合に、履行期前の履行不能の場合と同様に填補賠償請求権の発生を認めてよいか（実質的に債権の回収の早期化が生ずるが、そうした利益を付与してよいのか）といった、やや学理的ではあるが取引実務への影響も想定される点についても、議論がなされています。

　その結果、填補賠償請求権を明文化することとし、その要件として、①債務の履行不能、②債務の履行拒絶、③契約の解除または債務不履行によ

る契約解除権の発生、の3つが規律されることになります。

●実務に影響があるポイント●

　要綱の内容から、履行請求権と填補賠償請求権の併存が認められたものと理解されます。
　したがって、填補賠償請求権の発生要件が充足されている場合には、継続的な給付を目的とする契約で、ある一定期間の給付だけがなされていないような場合が典型的な例となりますが、それ以外の場合でも、契約を解除することなく、未給付の部分に対応する填補を請求できることが明らかになりました。
　また、履行の拒絶に関して、履行期前にそれが確定した場合にも、直ちに填補賠償請求を行えることが明らかになっています。
　なお、填補賠償請求を行った際に、履行請求権はどのような取扱いとなるのかについては明らかにされていないので、解釈に委ねられることとなります。

Q15 債務不履行による損害賠償の関連で、そのほかにどのようなものが規律されますか？

A 代償請求権に関する規定の明文化、過失相殺や賠償額の予定に関する規律の適正化などが図られます。

1 代償請求権

　代償請求権とは、債務の履行が不能となったときに、その履行不能の原因と同一の原因により債務者が利益を得たときは、債権者は債務者に対してその利益の償還を請求できる権利です。

　典型的には、賃貸借契約の目的物が消失し、賃借人に火災保険金が支払われた場合、目的物返還請求権に代わり、その償還を請求できる権利があげられます。現行法には定めはありませんが、公平の観念に基づいて判例・学説で認められてきたものであり、要綱第11の5により、これが明文化されます。

　なお、代償請求権は、債務者が第三者に対して有する権利の移転であり、他人の財産管理に対する干渉であると考え、一定の制約が必要である、具体的には、債務者に免責事由がある場合のみに認められるべきとの考え方がある一方、不要との考え方があります。提案の文言上、中間試案では前者、要綱では後者の考え方に基づくような表現であり、不要説が採用されたかのように理解されますが、態度決定がされたわけではなく、解釈に委ねられたようです（潮見佳男著『民法（債権関係）の改正に関する要綱仮案の概要』きんざい、2014年、49頁）。このように引続き解釈に委ねられている部分もありますが、これまでの解釈を明文化する改正であり、実務上の影響は想定されません。

2 過失相殺

民法第418条では、「債務の不履行に関して債権者に過失があったとき」に適用されると定められていますが、判例においては「損害の発生や拡大に関して債権者に過失があったとき」にも適用が認められており、異論のないところであることから、要綱第11の7で明文化されました。実務上の影響は想定されません。

3 賠償額の予定

民法第420条第1項の後段が削除されることとなります。

判例では、賠償予定額のうち、著しく過大と認められる部分については、「裁判所は、その額を増減することはできない。」との規定にかかわらず、民法第90条の公序良俗違反を理由に無効としてきており、これに対しての異論はありませんでした。したがって、これに合わせ予定賠償額の条項を無効にしたり、減額することが可能であることを明らかにするため、このような提案に至ったものと理解されます。

なお、どのような場合に無効や減額が生じ得るかについては、解釈に委ねられると考えられます。

判例に即した規律であることから、実務上の影響は想定されません。

●実務に影響があるポイント●

1~3のいずれかの改正も、実務上の影響は想定されません。

第7節 契約の解除

Q16 解除と債務不履行における債務者の自らの責めに帰すべき事由との関係はどのようになりますか？

A 債務不履行に基づく解除を行うために民法で必要とされていた債務者の帰責事由が不要とされています。

1 民法における契約の解除についての見解

　有効に成立した契約について、一定の条件のもとに一方的な契約の破棄の意思表示をすることを契約の解除といいます。

　民法第543条では、履行の全部または一部が不能となったときは、債権者は、契約の解除をすることができることを明記しつつ、ただし書で、「その債務の不履行が債務者の責めに帰することができない事由によるものであるときは、この限りではない」として、債務者の帰責事由があることを解除の要件としています。

　一方、履行遅滞等による解除権等を規定した民法第541条および定期行為の履行遅滞による解除権を規定した第542条には、債務者の帰責事由は明記されていないものの、伝統的な通説では、債務不履行による解除は、損害賠償と同様に、債務者の債務不履行責任を追及する手段であると考えられていました。

　しかしながら、近年の有力な学説では、解除の機能は、「相手が債務不履行に陥った場合に、債権者を反対債務から解放し、債務者の遅れた履行を封じ、あるいは、自らが引き渡した目的物の取り戻しを認めることによ

って、債権者を保護することにある」(内田貴著『民法Ⅱ―債権各論(第3版)』東京大学出版会、2011年、86頁)との見解がみられるようになっていました。

2 要綱における契約の解除についての考え方

　要綱においては、債務者の帰責事由を解除の要件から外しています。
　この考え方については、「近時の学説においても、解除制度につき、履行を怠った債務者への「制裁」としてではなく、契約の拘束力から解放する制度であると理解した上で、いかなる要件の下であれば契約の拘束力からの解放が正当化されるかを正面から問題にすべきである」(中間試案補足説明136頁)との考え方に基づくものと考えられます。

●実務に影響があるポイント●

　契約の解除においては、債務者の帰責事由が、契約解除の要件ではなくなったことに留意する必要があります。
　現在締結している各種契約書において、債務不履行の場合に債務者の帰責事由がある場合に限定して催告解除を認めるような規定をしているような場合には、要綱に基づけば解除できるような状況でも、債務者の帰責事由がないと解除できないことになりかねませんので、契約の確認をする必要があります。

Q17 契約を催告して解除する場合の要件はどのようになりますか？

A 契約を催告して解除する場合の要件としては、民法第541条における①当事者の一方がその債務を履行しない場合に、②その相手方が相当の期間を定めてその履行の催告をして、③その期間内に履行がないとき、の三点に加えて、④その催告期間を経過した時点で「その契約及び取引上の社会通念に照らして軽微でないこと」が加えられています。

1　民法における催告解除の要件

契約を催告して解除するためには、民法第541条では、①当事者の一方がその債務を履行しない場合に、②その相手方が相当の期間を定めてその履行の催告をして、③その期間内に履行がないときは、相手方は、契約の解除をすることができるものとされています。

2　要綱における催告解除の要件

要綱においては、民法第541条を基本的に維持したうえで、「当事者が契約をなした主たる目的の達成に必須的でない附随的義務の履行を怠つたに過ぎないような場合には、特段の事情の存しない限り、相手方は当該契約を解除することができないものと解するのが相当である」とする判例（最判昭和36年11月21日民集15巻10号2507頁）等を参考として、その期間を経過した時における債務の不履行が「その契約及び取引上の社会通念に照らして軽微」であるときには解除をすることができない旨をただし書で付加しています。

すなわち、①当事者の一方がその債務を履行しない場合に、②その相手方が相当の期間を定めてその履行の催告をして、③その期間内に履行がな

いときに、④その催告期間を経過した時点で「その契約及び取引上の社会通念に照らして軽微」でなければ、相手方は、契約の解除をすることができることになります。

なお、債務者の帰責事由は、解除の要件とはしていません。

●実務に影響があるポイント●

債務不履行の場合に、催告期間が経過後において、その不履行が軽微でないときは、たとえ、契約した目的を達成することができないといえない場合であっても、相手方は、契約を解除することができるものと考えられます。

また、軽微ではない債務不履行があり、債権者が催告解除をしようとしても、催告期間内に、債務者の是正により、その不履行が軽微なものになった場合には、解除はできないことに留意する必要があります。

なお、ただし書として規定されたことで、債務不履行が軽微であることの立証責任は、債務者側にあることが明らかになったことにも注意が必要です。

Q18 催告をしないで契約を解除する場合の要件は、どのようになりますか？

A ①債務の全部の履行が不能であるとき、②債務者がその債務の全部の履行を拒絶する意思を明確に表示したとき、③債務の一部の履行が不能である場合または債務者がその債務の一部の履行を拒絶する意思を明確に表示した場合において、残存する部分のみでは契約をした目的を達することができないとき、④契約の性質または当事者の意思表示により、特定の日時または一定の期間内に履行をしなければ契約をした目的を達することができない場合において、債務者が履行をしないでその時期を経過したとき、⑤①から④までの場合のほか、債務者がその債務の履行をせず、債権者がその履行の催告をしても契約をした目的を達するのに足りる履行がされる見込みがないことが明らかであるとき、のいずれかに該当するときは、債権者は、催告をしないで、直ちに契約の解除をすることができます。

また、債務の一部の履行が不能であるとき、または、債務者がその債務の一部の履行を拒絶する意思を明確に表示したとき、に該当するときは、債権者は、催告をしないで、直ちに契約の一部を解除することができます。

1 催告をしないで契約の全部を解除する場合の要件

(1) 民法における無催告解除の要件

民法第542条では、契約の性質または当事者の意思表示により、特定の日時または一定の期間内に履行をしなければ契約をした目的を達することができない場合において、当事者の一方が履行をしないでその時期を経過したときは、相手方は、催告をすることなく、直ちにその契約の解除をすることができることが定められています。

また、民法第543条では、履行の全部または一部が不能となったときは、

債権者は、契約の解除をすることができるが、その債務の不履行が債務者の責めに帰することができない事由によるものであるときは、解除をすることができないことが定められています。

(2) 要綱における無催告解除の要件

　要綱では、次のいずれかに該当するときは、債権者は、催告をすることなく、直ちに契約の解除をすることができる、すなわち、無催告解除ができるものとしています。これらは、いずれも、債務不履行により契約目的の達成が不可能となったと判断できる場合です。

① 債務の履行が不能であるとき。

　この規定は、民法第543条の「履行の全部」が「不能となったときは、債権者は、契約の解除をすることができる。」部分を維持するものです。

② 債務者がその債務の履行を拒絶する意思を明確に表示したとき。

　この規定は、①の履行不能の場合と同様に扱ってよい程度の状況としてとりいれたものです。

③ 債務の一部の履行が不能である場合または債務者がその債務の一部の履行を拒絶する意思を明確に表示した場合において、残存する部分のみでは契約をした目的を達することができないとき。

　この規定は、民法第543条本文においては、債務の一部不能による契約の全部を解除する場合には、「残存する部分のみでは契約をした目的を達することができないこと」が必要であると解されていたことから、その点を明示したうえで、②の考え方をとりいれたものです。

④ 契約の性質または当事者の意思表示により、特定の日時または一定の期間内に履行をしなければ契約をした目的を達することができない場合において、債務者が履行をしないでその時期を経過したとき。

　この規定は、民法第542条の定期行為の履行遅滞による無催告解除の規定を維持するものです。

⑤　上記の①から④までの場合のほか、債務者がその債務の履行をせず、債権者がその履行の催告をしても契約をした目的を達するのに足りる履行がされる見込みがないことが明らかであるとき。

　　この規定は、①〜④に該当しない場合でも、契約の当事者が催告を受けても契約をした目的を達するのに足りる履行をする見込みがないことが明らかなときには、相手方に無催告解除を認めるものです。
　なお、債務者の帰責事由は、解除の要件とはしていません。

2　要綱における催告をしないで契約の一部を解除する場合の要件

　要綱では、次のいずれかに該当するときは、債権者は、催告をすることなく、直ちに契約の一部を解除することができるものとしています。
①　債務の一部の履行が不能であるとき。
②　債務者がその債務の一部の履行を拒絶する意思を明確に表示したとき。

●実務に影響があるポイント●

　債権者は、債務者の帰責事由の有無に関係なく無催告で契約を解除することができることに留意する必要があります。
　また、債務の一部の履行が不能である場合、債権者は無催告で契約の一部解除ができますが、一部解除が可能なのは、一つの契約のうちの一部分のみを解消することが可能な程度にその部分が区分されている場合に限られることに留意する必要ずあります。
　なお、「債務者がその債務の履行を拒絶する意思を明確に表示したとき」が明文として規定されることにより、無催告解除が増加することが予想されます。

Q19 債権者の帰責事由と解除との関係は、どのようになりますか？

A 債務の不履行が債権者の帰責事由に基づく場合には、債権者は、契約の解除をすることはできません。

1 民法における債権者の帰責事由と解除との関係

　民法第543条では、履行の全部または一部が不能となったときは、債権者は、契約の解除をすることができるが、その債務の不履行が債務者の帰責事由によらないのであるときは、契約の解除はできないことが定められています。

　一方、民法第536条第2項では債権者の帰責事由によって債務を履行することができなくなったときは、債務者は、反対給付を受ける権利を失わないことが定められていますが、この場合、債権者は、契約の解除をすることができないものと解されています。

2 要綱における債権者の帰責事由と解除との関係

　要綱では、債務の不履行が債権者の帰責事由によるものであるときは、債権者は、契約の解除をすることができないものとしています。

●実務に影響があるポイント●

　債権者は、債務者の帰責事由の有無に関係なく契約解除することができますが、債権者に帰責事由があるときには、契約の解除はできないことに留意する必要があります。

　なお、債権者の帰責事由によって債務を履行することができなくなった場合には、債権者は、反対給付の履行を拒否することはできません。

　債務者と債権者の双方に帰責事由がある場合には、現行法下と同様に解釈問題となります。

Q20 契約が解除された場合の効果はどのようになりますか?

A 民法第545条第1項の「当事者の一方がその解除権を行使したときは、各当事者は、その相手方を原状に復させる義務を負う。ただし、第三者の権利を害することはできない。」との定めを基本的に維持しつつ、同条第2項において規定されている金銭を返還するときの利息を付利する旨に加えて、金銭以外の物を返還するときについても、その受領の時以後にその物から生じた果実を返還しなければならないことが規定されています。

1 民法における契約が解除された場合の効果

　民法第545条第1項では、当事者の一方がその解除権を行使したときは、各当事者は、その相手方を原状に復させる義務を負うが、第三者の権利を害することはできないことが定められています。

　また、同条第2項では、その場合に、金銭を返還するときは、その受領の時から利息を付さなければならないことが定められていますが、金銭以外の返還義務については規定されていません。そのため、金銭以外のものの受領時以後に生じた果実については、返還義務がないとの誤解を受けるおそれがありました。

2 要綱における契約が解除された場合の効果

　そこで、要綱では、この民法第545条第1項を基本的に維持しつつ、同条第2項において規定していた金銭を返還するときの利息を付利する旨に加えて、金銭以外の物を返還するときについても、その受領の時以後にその物から生じた果実を返還しなければならないことを規定しました。

●実務に影響があるポイント●

　要綱は、民法における解釈と同様に、金銭以外の物についても、金銭と同様に、その受領の時以後にその物から生じた果実を返還しなければならないことが明示されたもので、実務上は、影響はないと考えてよいものと思われます。

　なお、現行法下における判例（最判昭和51年2月13日民集30巻1号1頁）では、「売買契約が解除された場合に、目的物の引渡を受けていた買主は、原状回復義務の内容として、解除までの間目的物を使用したことによる利益を売主に返還すべき義務を負う」とされていますが、要綱には、現物の使用収益の返還については規定されていませんので、解釈に委ねられることになります。

Q21 解除権は解除権者がどのようなことをした場合に消滅するのでしょうか？

A 解除権を有する者が、故意もしくは過失によって契約の目的物を著しく損傷し、もしくは返還することができなくなったとき、または加工もしくは改造によってこれを他の種類の物に変えたときは、解除権は消滅します。
ただし、「解除権を有する者がその解除権を有することを知らなかったときは、この限りでない」ものとされています。

1 民法における解除権者の解約権の消滅

民法第548条第1項では、解除権を有する者が、自己の行為もしくは過失によって契約の目的物を著しく損傷し、もしくは返還することができなくなったとき、または加工もしくは改造によってこれを他の種類の物に変えたときは、解除権は消滅するが、同条第2項においては、契約の目的物が解除権を有する者の行為または過失によらないで滅失し、または損傷したときは、解除権は消滅しないことが定められています。

2 要綱における解除権者の解約権の消滅

要綱では、民法第548条第1項の「行為若しくは過失」を「故意若しくは過失」との文言に変えるとともに、同項は、解除権を行使できるにもかかわらず、そのことを知らない場合でも適用され、解除権が消滅してしまうという不合理な状況になることも考えられますので、ただし書として、「解除権を有する者がその解除権を有することを知らなかったときは、この限りでない」ことを付加しています。
また、民法第548条第2項は、規定がなくても上記の要綱の規定により明らかであることから削除されて、要綱には、規定されていません。

●実務に影響があるポイント●

　解除権を有する者が故意もしくは過失によって契約の目的物を著しく損傷し、もしくは返還することができなくなったとき、または加工もしくは改造によってこれを他の種類の物に変えたときであっても、「解除権を有する者がその解除権を有することを知らなかったとき」は、解除ができることに留意する必要があります。

第8節 危険負担

Q22 危険負担についての規律はどのような点が変わるのでしょうか？

A 危険負担に関する民法第534条と第535条を削除しています。
　その結果、特定物や不特定物が特定された後の物について、売買等、物権の設定または移転を双務契約の目的とした場合において、その物が債務者の帰責事由によらないで滅失または損傷して、債務者から反対給付の請求等を受けたときには、債権者は、債務不履行に基づき契約を解除することにより、反対給付を免れることができます。

1 民法における危険負担の規律

　民法第534条第1項では、「特定物に関する物権の設定又は移転を双務契約の目的とした場合において、その物が債務者の責めに帰することができない事由によって滅失し、又は損傷したときは、その滅失又は損傷は、債権者の負担に帰する。」と定められています。すなわち、特定物についての危険負担は、債権者主義がとられており、債務者に帰責事由がない場合には、目的物を受けとっていない段階で、その目的物が滅失、損傷した場合には、債権者は反対給付を行わなければならないものとされているのです。この場合の債権者の反対給付義務については、ほとんどの学説において、不合理であるとの強い批判がありました。
　なお、同条第2項では、不特定物に関する契約についても、その物が確定した時から、特定物と同じ規定を適用するものとされています。

また、第535条第1項では、第534条の規定は、停止条件付双務契約の目的物が条件の成否が未定である間に滅失した場合には適用しないこと、さらに、第2項では、停止条件付双務契約の目的物が債務者の責めに帰することができない事由によって損傷したときは、その損傷は、債権者の負担に帰すること、第3項では、停止条件付双務契約の目的物が債務者の責めに帰すべき事由によって損傷した場合において、条件が成就したときは、債権者は、その選択に従い、契約の履行の請求または解除権の行使をすることができて、損害賠償の請求を妨げないことが定められています。

2　要綱における危険負担の規律

　要綱においては、上記の不合理を排除するため、危険負担に関する民法第534条第1項を削除しています。

　その結果、特定物について、売買等、物権の設定または移転を双務契約の目的とした場合において、債務者の帰責事由によらないで滅失または損傷して、債務者から反対給付の請求等を受けたときには、債権者は、債務不履行に基づき契約を解除することにより、反対給付を免れることができます。

　また、同条第2項では不特定物についても、その物が確定した時から特定物と同じ規定を適用するものとされていますので、1項と同様、削除しています。

　さらに、民法第535条第1項、第2項は、第534条の特則であることから、同様に削除し、第3項は、停止条件付双務契約の目的物が債務者の帰責事由によって損傷した場合の規定であり、債務不履行に基づく解除や損害賠償に関する規定の適用により対応が可能であることから、削除しています。

●実務に影響があるポイント●

　民法第534条第1項では、特定物についての危険負担は、債務者に帰責事由がない場合には、目的物を受けとっていない段階で、その目的物が滅失、損傷した場合には、債権者は反対給付を行わなければならないものとされていますが、要綱では、債権者は、債務不履行に基づき契約を解除することにより、反対給付を免れることができることに留意する必要があります。

第 8 節　危険負担

Q23 履行不能の場合の反対給付の規律については、どのようになりますか？

A
① 当事者双方の責めに帰することができない事由によって債務を履行することができなくなったときは、「債権者は、反対給付の履行を拒むことができる」ものとしています。また、債権者は、解除権を行使して反対給付の支払義務を確定的に消滅させることもできます。
② 債権者の帰責事由によって債務を履行することができなくなったときは、「債権者は、反対給付の履行を拒むことができない」ものとしています。
③ 債務者の帰責事由に基づく履行不能の場合には、債務不履行となり、債務者は、本来の履行に代わる填補賠償責任を負うことになります。

1　民法における履行不能の場合の反対給付

(1)　当事者双方の帰責事由に基づかない履行不能の場合の反対給付

　民法第536条第1項では、民法第534条と第535条に規定する場合を除いて、「当事者双方の責めに帰することができない事由によって債務を履行することができなくなったときは、債務者は、反対給付を受ける権利を有しない」ことが定められています。すなわち、当事者双方の帰責事由に基づかない履行不能の場合には、債権者主義をとり、債権者の反対給付を受ける権利も消滅させることにしています。

(2)　債権者の帰責事由に基づく履行不能の場合の反対給付

　民法第536条第2項では、「債権者の責めに帰すべき事由によって債務を履行することができなくなったときは、債務者は、反対給付を受ける権利を失わない。この場合において、自己の債務を免れたことによって利益を得たときは、これを債権者に償還しなければならない。」ことが定めら

れています。

2 要綱における履行不能の場合の反対給付

(1) 要綱における契約の解除と危険負担との関係

　民法下では、債務者の帰責事由に基づく履行不能の場合には、「契約の解除」の規律が適用され、債務者の帰責事由に基づかない履行不能の場合には、「危険負担」の規律が適用されるといわれていました。

　ところが、要綱では、契約の解除の要件から債務者の帰責事由が除外され、債権者は、債務者の帰責事由の有無にかかわらず、履行不能の場合には、契約を解除することができることになります。

　民法第536条第1項では、当事者双方の帰責事由に基づかない履行不能の場合は、債権者の反対給付も消滅するものとされていますので、このままの規律では、「解除」の制度と「危険負担」の制度との間で矛盾が生じることになります。そのため、危険負担の制度についても、解除の制度と矛盾しないような規定としています。

(2) 当事者双方の帰責事由に基づかない履行不能の場合の反対給付

　要綱では、「当事者双方の責めに帰することができない事由によって債務を履行することができなくなったときは、債権者は、反対給付の履行を拒むことができる」ものとしています。民法のように、「債務者は、反対給付を受ける権利を有しない」、すなわち、反対給付の請求権が消滅するのではなく、「債権者は、反対給付の履行を拒むことができる」ものとしています。

　また、要綱では、債権者は、債務者の帰責事由の有無にかかわらず、履行不能の場合には、契約を解除することができることになるので、債権者は、解除権を行使して反対給付の支払義務を確定的に消滅させることができます。

(3) 債権者の帰責事由に基づく履行不能の場合の反対給付

要綱では、「債権者の責めに帰すべき事由によって債務を履行することができなくなったときは、債権者は、反対給付の履行を拒むことができない」ものとしています。すなわち、民法第536条第2項と同趣旨ではあるものの、(1)との関係から、「債務者は、反対給付を受ける権利を失わない」とするのではなく、「債権者は、反対給付の履行を拒むことができない」ものとしています。

この場合において、民法第536条第2項と同様に、「債務者は、自己の債務を免れたことによって利益を得たときは、これを債権者に償還しなければならない」ものとしています。

(4) 債務者の帰責事由に基づく履行不能の場合の債務者の填補賠償責任

債務者の帰責事由に基づく履行不能の場合には、債務不履行となるため、債務者は、本来の履行に代わる填補賠償責任を負うことになります。

●実務に影響があるポイント●

当事者双方の帰責事由に基づかない履行不能の場合に、債権者は、債務者からの反対給付の請求を拒絶するか、解除権を行使して反対給付の請求を確定的に消滅させるかを選択することができるようになったことに留意する必要があります。

第9節 債権者代位権

Q24 債権者代位権の要件に関して、どのような改正が予定されていますか？

A 債権者代位権の要件に係る改正は、基本的には、改正前から解釈上異論がなかった点を明文化する内容となっていますが、被保全債権が期限未到来の場合における裁判上の代位制度を廃止する点は、改正による新たな変更点となります。

1 保全の必要性について

民法第423条第1項は、債権者代位権の要件として「自己の債権を保全するため」と規定していましたが、要綱では、保全の必要性が債権者代位権の要件であることを明確にするため、「自己の債権を保全するため」という文言の後に「必要があるとき」という文言が補充されることになります（中間試案（概要付き）53～54頁）。

2 債権者代位権を行使できない場合について

また、①被代位権利が差押えの禁止されたものである場合、および②被保全債権が強制執行により実現することのできないものである場合には債権者代位権を行使できないことは解釈上異論がありませんでしたので、要綱ではこれを明記することになります（民法（債権関係）部会資料73A、27～29頁）。

【図表 24-1】 債権者代位権

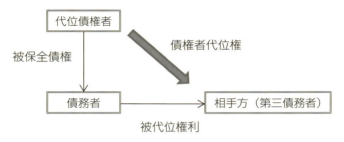

3 裁判上の代位制度について

さらに、民法第423条第2項では、被保全債権の期限が未到来の場合、債権者代位権の行使は、(保存行為を除き) 裁判上の代位によらなければならないと規定されていましたが、裁判上の代位の制度については利用例が少なく、民事保全の制度によって代替可能であることから、要綱では、裁判上の代位制度は廃止することになります(民法(債権関係)部会資料73A、27〜28頁)。

以上のほかは、債権者代位権の要件については民法の規定が維持されています。

●実務に影響があるポイント●

改正により、被保全債権が期限未到来の場合における裁判上の代位制度が廃止されます。もっとも、裁判上の代位制度は改正前から利用例が少なかったため、かかる改正が実務に及ぼす影響は小さいと思われます。

Q25 債権者代位権の効果に関して、どのような改正が予定されていますか？

A 債権者代位権の効果に係る改正は、基本的には、判例法理や改正前から解釈上異論がなかった点を明文化する内容となっていますが、債権者代位権の行使によっても債務者の処分権限は制限されないとする点は、改正による新たな変更点となります。

1 代位行使の範囲について

判例は、被代位権利の目的が可分であるときは被保全債権の額の範囲でのみ被代位権利を行使することができるとの立場に立っており（最判昭和44年6月24日民集23巻7号1079頁）、要綱ではこれを明記することになります（民法（債権関係）部会資料73A、29～30頁）。

2 直接の引渡し等について

判例は、被代位権利が金銭の支払または動産の引渡しを求めるものであるときは、代位債権者が代位行使の相手方（第三債務者を指します。以下同じです）に対して直接の支払または引渡しを請求することができるとの立場に立っており（大判昭和10年3月12日民集14巻482頁）、要綱ではこれを明記することになります（民法（債権関係）部会資料73A、30～31頁）。

また、かかる支払または引渡しによって被代位権利が消滅することは解釈上異論がありませんでしたので、要綱ではこれを明記することになります（民法（債権関係）部会資料73A、30～31頁）。

3　相手方の抗弁について

　判例は、代位行使の相手方は、債務者に対して有する抗弁を代位債権者に対しても主張することができるとの立場に立っており（大判昭和11年3月23日民集15巻551頁）、要綱ではこれを明記することになります（民法（債権関係）部会資料73A、31～32頁）。

4　債務者の取立てその他の処分権限等について

　判例には、代位債権者が債権者代位権の行使に着手し、債務者がその通知を受けるか、またはその権利行使を了知したときは、債務者は被代位権利についての処分権限を失い、自ら訴えを提起することができないとするものがありましたが（大判昭和14年5月16日民集18巻557頁）、かかる通告・予告のみによって債務者の処分権限が奪われるとすると、債権者の地位が著しく不安定なものとなるとの批判がありました。

　そこで、要綱では、代位債権者が債権者代位権を行使した場合であっても、債務者は自ら取立てその他の処分をすることを妨げられず、相手方も債務者に対して履行することを妨げられない旨を規定することになります（民法（債権関係）部会資料73A、32～33頁）。

5　実務への影響

　上記のとおり、債権者代位権の効果に係る改正は、基本的には、判例法理や改正前から解釈上異論がなかった点を明文化する内容となっていますが、債権者代位権の行使によっても債務者の処分権限は制限されないとする点は、改正による新たな変更点となります。

　かかる改正により、代位債権者が債権回収のために債権者代位権を行使し、これを債務者に通知するなどしたとしても、債務者が自ら取立てを行うことや、相手方が債務者に対して履行することは妨げられないことにな

りますので、改正前と比較すると、債権者代位では十分に債権回収の目的を果たせない可能性がより高まると考えられます。

そもそも金融機関については、改正前から債権者代位権を行使して債権回収を行う例は少なかったとの指摘がありますが（法制審議会民法（債権関係）部会第5回会議議事録4頁（三上委員発言））、改正後はこの傾向がより強まり、債権回収の場面では民事保全制度や民事執行制度を利用することが多くなると思われます。

他方、金融機関が相手方として債権者代位権を行使された場合、改正前は、（代位債権者の債務者への通知等により債務者が処分権限を喪失していた場合には）金融機関としては、債務者ではなく代位債権者に債務を履行する必要がありました。もっとも、相手方たる金融機関にとっては、被保全債権の存在等の債権者代位の要件がすべて充足されているかは必ずしも明らかではないため、代位債権者への履行には二重払いのリスクがありました。

しかし、改正後は、金融機関は、相手方として債権者代位権を行使された場合であっても、債務者へ債務を履行することにより、二重払いのリスクを免れることができるようになると考えられます。

●実務に影響があるポイント●

改正により、債権者代位権の行使によっても債務者の処分権限は制限されないことになります。

したがって、改正後は、金融機関が代位債権者として債権者代位権を行使したとしても、十分に債権回収の目的を果たせない可能性がより高まると思われます。他方、金融機関が相手方として債権者代位権を行使された場合には、改正後は、金融機関は債務者へ債務を履行することにより、二重払いのリスクを免れることができるようになると考えられます。

Q26 訴えによる債権者代位権の行使、および債権者代位権の転用に関して、それぞれどのような改正が予定されていますか？

A 改正により、訴えの提起により債権者代位権を行使した代位債権者は、債務者への訴訟告知を義務づけられることになります。

また、債権者代位権の転用の具体例として、登記または登録の請求権を被保全債権とする債権者代位権について規定されることになります。

1 訴えの提起による債権者代位権の行使について

代位債権者が訴えの提起により債権者代位権を行使した場合、当該債権者代位訴訟における代位債権者の地位は、株主代表訴訟における株主と同じく法定訴訟担当と解されており、その判決の効力は債務者にも及ぶとされています（民事訴訟法115①二）。

しかし、株主代表訴訟については訴訟告知の規定があるにもかかわらず（会社法849③）、債権者代位訴訟についてはこのような規定がなかったため、債務者の手続保障に欠けるとの批判がありました。

そこで、要綱では、訴えの提起により債権者代位権を行使した代位債権者は、遅滞なく、債務者に訴訟告知をしなければならない旨を規定することになります（民法（債権関係）部会資料73A、34～35頁）。

2 債権者代位権の転用について

債権者代位権は、本来、責任財産の保全を目的とするものですが、判例は、責任財産の保全を目的としない債権者代位権の行使（いわゆる債権者代位権の転用）も認めてきました（大判明治43年7月6日民録16輯537

頁等)。

　要綱では、転用型の債権者代位権の具体例として、登記または登録の請求権を被保全債権とする債権者代位権について規定することになります（民法（債権関係）部会資料73A、35～36頁）。

●実務に影響があるポイント●

　改正により、訴えの提起により債権者代位権を行使した代位債権者は、債務者への訴訟告知を義務づけられることになります。かかる訴訟告知を受けた債務者は、自ら被代位権利を取り立てることもできますので（Q25参照）、特に訴えの提起により債権者代位権を行使した場合には、十分に債権回収の目的を果たせない可能性がより高まると思われます。

　また、改正により、債権者代位権の転用の具体例として、登記または登録の請求権を被保全債権とする債権者代位権について規定されることになりますが、これは判例法理を明文化したものです。

第10節 詐害行為取消権

Q27 詐害行為の取消しの効果が変わるとのことですが、概要を教えて下さい。

A 現行法では、誰を被告とすべきかにつき、受益者または転得者を相手とすれば足り、債務者を相手とすべきではない、と解されていました（取消しの相対的効力）。

これに対し、要綱は、詐害行為取消請求を認容する確定判決が、債務者およびそのすべての債権者に対しても、その効力を生じるとしています（要綱第16の6）。

これに伴い、詐害行為取消訴訟を提起した債権者は、遅滞なく、債務者に対し、訴訟告知をしなければならない、とされました（要綱第16の7）。

1 詐害行為取消権の法的性質

詐害行為取消権の法的性質につき、判例（大判明治44・3・24民録17輯117頁）・通説は、詐害行為の取消しと財産の返還請求等が結合したものであるとし（折衷説）、詐害行為取消訴訟は、取消権を行使する形成訴訟と、財産の返還等を求める給付訴訟が結合したものとされていました。

そして、取消判決の効果は、逸失した財産を回復するのに必要かつ十分な範囲で、相対的にのみ生ずるから、取消しの相手方との関係で生ずれば十分で、受益者または転得者を相手とすれば足り、債務者を相手とすべきではない（判決の効力は債務者には及ばない）と解されていました（前掲・大判明治44・3・24民録17輯117頁、取消しの相対的効力）。

また、他の債権者による別訴は、二重起訴（民事訴訟法142）に当たら

ない（債権者は各々固有の取消権を持つ）と解されていました（通説）。

　こうした判例・通説の考え方に対しては、債務者には取消しの効果が及ばないのであれば、取消しの効果として財産が債務者の責任財産に復帰することを説明できないとの批判があり、折衷説をとりつつも、債務者も被告とすべきであるとする考え方も有力でした。

2　法制審議会における議論

　法制審議会では、上記有力説を踏まえ、当初、債務者も被告とする方向で検討されていましたが、債務者を被告としなければならないとすると、訴訟手続上の負担が増し、円滑な訴訟の進行が阻害されるおそれがあるとの指摘や、債務者は詐害行為取消訴訟について実際上の利害関係を失っていることが多いため、債務者を被告とすることを強制する必要性は乏しい場合が多いとの指摘がなされ、要綱では、詐害行為取消訴訟の被告を受益者または転得者のみとして、債務者の被告適格を否定したうえで、債務者については取消債権者に訴訟告知を義務づけるという方針に転換しました。

●実務に影響があるポイント●

　民事訴訟法上、訴訟告知（民事訴訟法53）の書面は、訴訟告知を受けるべき者に送達しなければならないとされています（民事訴訟規則22①）。しかし、詐害行為取消請求訴訟が提起される段階では、債務者は、事実上倒産しているにもかかわらず、法的倒産手続は行われていない状況にあると考えられ、個人の債務者は行方不明になり、法人の債務者も事業を停止し、代表者は行方不明という事態になっており、訴訟告知書の送達も円滑に行えないことが少なくないと思われます。

　また、他の債権者にも詐害行為取消請求を認容する確定判決の効力が及ぶとされたことで、他の債権者による別訴は二重起訴（民事訴訟法142）にあたる（不適法な訴えとして却下される）ことになると考えられます。

第 10 節　詐害行為取消権

Q28 転得者を相手方とする場合の規律が変わるとのことですが、概要を教えて下さい。

A　転得者の悪意については取消債権者が主張・立証責任を負うことになりました。（要綱第 16 の 6）
　また、転得者に対して詐害行為取消しの請求をするためには受益者・転得者ともに悪意であることが必要になりました。（要綱第 16 の 6）
　さらに、転得者が他の転得者から目的物を転得した者である場合、受益者・当該転得者・その前に転得したすべての転得者の悪意が必要になりました。（要綱第 16 の 6）

1　現行法において転得者を相手方とする場合の規律

　現行法においては、条文の形式、公平の見地から、転得者の善意が抗弁に回る（転得者の悪意が請求原因になるわけではない）と解されていました（大判明 37・12・7 民録 10 輯 1578 頁、最判昭 37・3・6 民集 16 巻 3 号 436 頁）。
　また、転得者は、自己の善意を主張立証しなければならず、受益者の善意を主張しても失当であると解されていました（取消しの相対的効力）。

2　要綱における相対的取消説の不採用

　要綱は、受益者からの転得者を相手方とする場合には、受益者について詐害行為取消請求が認められることに加え（したがって、受益者が悪意であることが必要）、当該転得者が転得の当時、債務者がした行為について債権者を害することを知っていた場合に限り、転得者に対して詐害行為取消請求をすることを認めました。
　また、転得者の悪意については、取消債権者が主張・立証責任を負うも

のとしました。

●実務に影響があるポイント●

　取消債権者が転得者の悪意につき主張・立証責任を負うとされたことで、転得者に対する詐害行為取消権行使のハードルが上がり、債権回収が制限される可能性があります。

　また、転得者を相手方とする場合における受益者の善意・悪意の主張・立証責任につき、条文の形式上は、受益者の悪意についても取消債権者が主張・立証責任を負うようにも見えますが、受益者を相手方とする場合には受益者が自己の善意につき主張・立証責任を負うとされていることとの均衡を考えると、転得者が受益者の善意につき主張・立証責任を負う（受益者の善意が抗弁に回る）との解釈の方が自然であるようにも思われます（立法担当者の解説が待たれます）。

Q29 詐害行為取消権につき、変わる点、変わらない点を教えて下さい。

主な変更点は以下のとおりです。

(1) 債務者は詐害行為取消請求訴訟の被告とならないものの、詐害行為取消請求を認容する確定判決の効力が債務者にも及ぶことになりました（相対的取消説の不採用）。（要綱第16の10）

(2) 詐害行為取消請求を認容する確定判決の効力が及ぶことになった債務者に対する手続保障を図るため、訴訟告知義務を課しました。（要綱第16の7）

(3) 転得者に対して詐害行為取消しの請求をするためには受益者・転得者ともに悪意であることが必要になりました。（要綱第16の6）

(4) 転得者の悪意については取消債権者が主張・立証責任を負うことになりました。（要綱第16の6）

(5) 転得者が他の転得者から目的物を転得した者である場合、受益者・当該転得者・その前に転得したすべての転得者の悪意が必要になりました。（要綱第16の6）

(6) 被保全債権が詐害行為前に生じた場合のみならず、詐害行為前の「原因」に基づいて生じた場合にも詐害行為取消権が認められることになりました。（要綱第16の2）

(7) 相当価格処分行為につき、原則として詐害行為性を否定し、取消債権者が隠匿等の処分のおそれ、債務者の隠匿等の処分意思、受益者の悪意につき主張・立証責任を負うことになりました（破産法第161条と同様の規律を採用）。（要綱第16の3）

(8) 偏頗行為につき破産法第162条第1項第1号・第2号と同様の規律を採用しました。（要綱第16の4）

(9) 現行法の期間の意味を消滅時効・除斥期間から出訴期間に改めるとと

もに、長期の期間を10年に短縮しました。

これに対し、現行法ないし現行法における判例法理と変わらなかった点は以下のとおりです。
(1) 詐害行為取消権の法的性質につき、詐害行為の取消しと財産の返還請求等が結合したものであるとしました（折衷説）。（要綱第16の7）
(2) 責任減少行為のみならず、偏頗行為（特定の債権者を利する行為）についても詐害行為取消権の対象とすることを明確化しました。（要綱第16の4）
(3) 目的物が金銭または動産である場合に、取消債権者の（受益者または転得者に対する）直接取立権と受領権を認めるとともに、被告とされた受益者または転得者が取消債権者に対して金銭の支払または動産の引渡しをしたときに、債務者に対する支払義務または引渡義務を免れるものとし、金銭を受領した取消債権者による相殺を通じての事実上の優先弁済を止めることができないことになりました。（要綱第16の9）
(4) 債務者がした債務の消滅に関する行為が取り消された場合において、受益者が債務者から受けた給付を返還しまたはその価額を償還したときは、受益者の債務者に対する債権は、これによって原状に復するとしました。（要綱第16の12）

【図表29-1】比較表
（下線部分を変更または追加）

現行法	要綱	備考
1 受益者に対する詐害行為取消権の要件（民法第424条第1項関係）		
債権者は、債務者が債権者を害することを知ってした法律行為の取消しを裁判所に請求することが	債権者は、債務者が債権者を害することを知ってした行為の取消しを裁判所に請求することができ	「法律行為」を「行為」に改めたのは、現行法の解釈において厳密には「法律行為」でないもの

第10節　詐害行為取消権

できる。（424条1項本文）	る。	（弁済など）も「法律行為」に含めていることを考慮して、破産法に倣い、単に「行為」とした。
ただし、その行為によって利益を受けた者又は転得者がその行為又は転得の時において債権者を害すべき事実を知らなかったときは、この限りでない。（424条1項ただし書） ※以下の判例あり。 ◇条文の形式、公平の見地から、受益者又は転得者の善意が抗弁に回る（大判明37・12・7民録10輯1578頁）。 ◇転得者は、自己の善意を主張立証しなければならず、受益者の善意を主張しても失当である（相対的取消）（最判昭49・12・12裁判集民113号523頁）。	ただし、その行為によって利益を受けた者（以下この第16において「受益者」という。）がその行為の時において債権者を害することを知らなかったときは、この限りでない。	要綱は、破産法における否認権の制度に倣い、受益者を相手方とする場合の規律と転得者を相手方とする場合の規律を分けている。転得者については第16-6参照。 受益者の善意が抗弁に回る（受益者は自己の善意につき主張・立証責任を負う）。

2 受益者に対する詐害行為取消権の要件（民法第424条第2項関係）

前項の規定は、財産権を目的としない法律行為については、適用しない。（424条2項） ※債権が詐害行為前に生じた場合にのみ被保全債権として認められるとの判例（大判大6・1・22民録23輯8頁）あり。	(1) 1は、財産権を目的としない行為については適用しない。 (2) 債権者は、その債権が1の行為の前の原因に基づいて生じたものである場合に限り、1の取消しの請求をすることができる。 (3) 債権者は、その債権が強制執行により実現することのできないもの	(1)：現行法（424条2項）の規定を維持。 (2)：要綱では、いくつかの個別裁判例（最判昭35・4・26民集14巻6号1046頁、最判平8・2・8判時1563号112頁〔いずれも詐害行為前に成立していた被保全債権について詐害行為以後に発生する遅延利息債権〕、最判平元・4・

	であるときは、1の取消しを請求することができない。	13金法1228号34頁〔本税債権が詐害行為前に成立していた場合において詐害行為以後に発生する延滞税債権〕）を一般化し、「詐害行為前の原因に基づいて生じた」とすることにより、詐害行為取消権が認められる場合を拡張。 （3）：強制力を欠く債権を保全するために詐害行為取消権を行使するのは不適切と考えられたため。

3 相当の対価を得てした財産の処分行為の特則

（規定なし） ※以下の判例あり。 ◇不動産を相当価格で売却しても、債務者の資産が費消されやすい金銭に変更するから原則として詐害行為となる（大判明39・2・5民録12輯136頁）。 ◇債権者らに正当の弁済をする意思で売却したときは、詐害の意思がないので、取消権は成立しない（大判大6・6・7民録23輯932頁）。	債務者が、その有する財産を処分する行為をした場合において、受益者から相当の対価を取得しているときは、債権者は、次に掲げる要件のいずれにも該当する場合に限り、当該行為について、1の取消しの請求をすることができる。 （1）当該行為が、不動産の金銭への換価その他の当該処分による財産の種類の変更により、債務者において隠匿、無償の供与その他の債権者を害することとなる処分（以下この3において「隠匿等の処分」という。）をするおそれを現に生じさせるものであること。 （2）債務者が、当該行為の当時、対価として取得した金銭その他の財産	要綱は、相当価格処分行為につき、原則として詐害行為性を否定するとともに、破産法161条と同様の枠組みを採用。

第10節　詐害行為取消権

	について、隠匿等の処分をする意思を有していたこと。(3) 受益者が、当該行為の当時、債務者が隠匿等の処分をする意思を有していたことを知っていたこと。	

4 特定の債権者に対する担保の供与等の特則

（規定なし）※以下の判例あり。◇一部の債権者に対し既存の債務を担保するために抵当権を設定する行為は、一般債権者の共同担保が減少するので詐害行為となる（大判明40・9・21民録13輯877頁）。◇債権者が、弁済期の到来した債務の弁済を求めることは、債権者の当然の権利行使であって、債務者も債務の本旨に従い履行すべき義務を負うから、債務超過の状況にあって一債権者に弁済することが他の債権者の共同担保を減少する場合においても、当該弁済は、原則として詐害行為とならず、債務者が一債権者と通謀し、他の債権者を害する意思をもって弁済したような場合にのみ詐害行為となる（最判昭33・9・26民集12巻13号3022頁）。	(1) <u>債務者がした既存の債務についての担保の供与又は債務の消滅に関する行為について、債権者は、次に掲げる要件のいずれにも該当する場合に限り、1の取消しの請求をすることができる。ア 当該行為が、債務者が支払不能（債務者が、支払能力を欠くために、その債務のうち弁済期にあるものにつき、一般的かつ継続的に弁済することができない状態をいう。以下この4において同じ。）の時に行われたものであること。イ 当該行為が、債務者と受益者とが通謀して他の債権者を害する意図をもって行われたものであること。</u>(2) <u>(1) に定める行為が、債務者の義務に属せず、又はその時期が債務者の義務に属しないものである場合において、次に掲げる要件のいずれにも該当するときは、債権者は、(1) にかかわら</u>	要綱は、責任減少行為のみならず、偏頗行為（特定の債権者を利する行為）についても詐害行為取消権の対象とした。(1)：本旨弁済その他の債務の消滅に関する行為につき、破産法162条1項1号と同様、弁済行為の時点で債務者が支払不能であったことを要件とするとともに、主観的要件につき、詐害行為取消権に関する従前の判例法理（左記最判昭33・9・26民集12巻13号3022頁等）を採用し、債務者と受益者との間に通謀的害意のあることが必要であるとすることで、破産法上の否認権よりも要件を加重。(2)：非義務行為につき、破産法162条1項2号と同様の規律（支払不能になる前30日以内）を採用するとともに、主観的要件につき、本旨弁済の場合と同様、債務者と受益者との間に通謀的害意のあることが

	ず、当該行為について、1の取消しの請求をすることができる。 ア 当該行為が、債務者が支払不能になる前30日以内に行われたものであること。 イ 当該行為が、債務者と受益者とが通謀して他の債権者を害する意図をもって行われたものであること。	必要であるとすることで、破産法上の否認権よりも要件を加重。

5 過大な代物弁済等の特則

（規定なし）	債務者がした債務の消滅に関する行為であって、受益者の受けた給付の価額が当該行為によって消滅した債務の額より過大であるものについて、1の要件に該当するときは、債権者は、4（1）にかかわらず、その消滅した債務の額に相当する部分以外の部分については、1の取消しの請求をすることができる。	要綱では、代物弁済のような行為を財産減少行為としての観点から捉え、過大な部分のみについての一部取消しにとどめている。 なお、第16-1の要件がかかってくるため、受益者が当該行為の当時において債権者を害すべき事実を知らなかったときは、第16-5に基づく詐害行為取消しの請求をすることができない。 また、代物弁済が第16-4（2）の要件を満たせば、過大であるか否かを問わず、代物弁済全体を取り消すことができる。

6 転得者に対する詐害行為取消権の要件

| 債権者は、債務者が債権者を害することを知ってした法律行為の取消しを裁判所に請求することができる。ただし、その行 | 債権者は、受益者に対して1の取消しの請求をすることができる場合において、債務者がした行為によって受益者に移転 | （1）：受益者・転得者ともに悪意であることが必要。
転得者の悪意とは、当該行為が「債権者を害する |

第 10 節　詐害行為取消権

為によって利益を受けた者又は転得者がその行為又は転得の時において債権者を害すべき事実を知らなかったときは、この限りでない。(424 条 1 項)

※以下の判例あり。
◇条文の形式、公平の見地から、受益者又は転得者の善意が抗弁に回る（大判明 37・12・7 民録 10 輯 1578 頁）。
◇転得者は、自己の善意を主張立証しなければならず、受益者の善意を主張しても失当である（相対的取消）（最判昭 49・12・12 裁判集民 113 号 523 頁）。
◇受益者・転得者の善意・悪意は本人について決すべきであり、その前者の善意・悪意を承継するものではないから、善意の転得者からの再転得者が悪意である場合、再転得者との関係で詐害行為取消請求をすることができる（最判昭 49・12・12 裁集民 113 号 523 頁）。

した財産を転得した者があるときは、当該転得者に対し、次の（1）又は（2）に掲げる区分に応じ、それぞれ当該（1）又は（2）に定める場合に限り、債務者がした行為の取消しを裁判所に請求することができる。
（1）当該転得者が受益者から転得した者である場合
当該転得者が、その転得の当時、債務者がした行為について債権者を害することを知っていたとき。
（2）当該転得者が他の転得者から転得した者である場合
当該転得者及びその前に転得した全ての転得者が、それぞれの転得の当時、債務者がした行為について債権者を害することを知っていたとき。

こと」を知っていることであって、受益者が悪意であることについて転得者が知っていることは不要。
転得者の悪意については取消債権者が主張・立証責任を負う。この点は受益者を相手方とする場合と異なる（現行法における解釈からの変更）。
条文の形式上は、(転得者を相手方とする場合には)受益者の悪意についても取消債権者が主張・立証責任を負うように見えなくもないが、受益者を相手方とする場合には受益者が自己の善意につき主張・立証責任を負うこととの均衡を考えると、転得者が受益者の善意につき主張・立証責任を負う（受益者の善意が抗弁に回る）と解するのが自然か（私見）。
（2）：受益者・当該転得者・その前に転得した全ての転得者の悪意が必要（左記最判昭 49・12・12 裁集民 113 号 523 頁を変更）。

7 詐害行為取消権の行使の方法

| （規定なし）

※以下の判例あり。
◇詐害行為取消権は、債務者の法律行為を取り消して、債務者の財産状態 | <u>（1）債権者は、1の請求において、債務者がした行為の取消しとともに、当該行為によって受益者に移転した財産の返還を請求することができ</u> | （1）（2）：現行法における判例・通説と同じ。
（3）：反対解釈として、債務者は被告とならない（現行法における判例・多数説と同じ）。 |

を詐害行為以前の状態に復帰させ、その結果として債権者がその債権の正当な弁済を受けることができるようにするための権利である。詐害行為取消訴訟の被告は受益者又は転得者であり、債務者ではない。（大連判明44・3・24民録17輯117頁）（折衷説）	る。受益者が当該財産の返還をすることが困難であるときは、債権者は、価額の償還を請求することができる。 (2) 債権者は、6の請求において、債務者がした行為の取消しとともに、転得者が転得した財産の返還を請求することができる。転得者が当該財産の返還をすることが困難であるときは、債権者は、価額の償還を請求することができる。 (3) 1の請求に係る訴えについては、受益者を被告とし、6の請求に係る訴えについては、当該請求の相手方である転得者を被告とする。 (4) 債権者は、1又は6の請求に係る訴えを提起したときは、遅滞なく、債務者に対し、訴訟告知をしなければならない。	(4)：債務者は被告とならないものの、詐害行為取消請求を認容する確定判決の効力が債務者にも及ぶ（後記第16-10）ことから、債務者に対する手続保障を図るため、訴訟告知義務を課したもの。

8 詐害行為の取消しの範囲

（規定なし） ※以下の判例あり。 ◇取消しの相対効から、原則として、取消債権者の債権額を超えて取り消すことは許されない（大判大9・12・24民録26輯2024頁）。 ◇詐害行為の目的が不可分な財産である場合、その現物返還を求めるとき	(1) 債権者は、1又は6の取消しの請求をする場合において、債務者がした行為の目的が可分であるときは、自己の債権の額の限度においてのみ、当該行為の取消しを請求することができる。 (2) 債権者が7(1)後段又は(2)後段により価額の償還を請求する場合についても、(1)と	(1)(2)：現行法における左記判例法理と同様の準則を採用。その結果、次の第16-9と相まって、金銭を受領した取消債権者による相殺を通じての事実上の優先弁済を止めることができない（ただし、相殺権の濫用と評価される余地あり）。

第10節　詐害行為取消権

は、財産の価額が取消債権者の債権額を超えても、詐害行為の全部を取り消すことができる（最判昭30・10・11民集9巻11号1626頁）。	同様とする。	

9　直接の引渡し等

（規定なし） ※以下の判例あり。 ◇不動産の譲渡が取り消された場合には、債務者から受益者に対してされた所有権移転登記の抹消を請求できる（大判大6・3・31民録23輯596頁）。 ◇目的物が金銭の場合には、取消債権者は直接自己に当該金銭を引き渡すことを請求できる（大判大10・6・18民録27輯1168頁）。目的物が動産の場合につき同旨（最判昭39・1・23民集18巻1号76頁）。 ◇目的物が不動産の場合には、取消債権者は、特定物債権者であっても、受益者に対し、直接自己に所有権移転登記を求めることはできない（最判昭53・10・5民集32巻7号1332頁）。	（1）債権者は、7（1）前段又は（2）前段により財産の返還を請求する場合において、その返還の請求が金銭の支払又は動産の引渡しを求めるものであるときは、受益者又は転得者に対し、その支払又は引渡しを自己に対してすることを求めることができる。この場合において、受益者又は転得者は、債権者に対してその支払又は引渡しをしたときは、債務者に対してその支払又は引渡しをする義務を免れる。 （2）債権者が7（1）後段又は（2）後段により価額の償還を請求する場合についても、（1）と同様とする。	（1）：目的物が金銭又は動産である場合に、取消債権者の（受益者又は転得者に対する）直接取立権と受領権を認めるとともに、被告とされた受益者又は転得者が取消債権者に対して金銭の支払又は動産の引渡しをしたときに、債務者に対する支払義務又は引渡義務を免れる。 （2）：取消債権者が受益者又は転得者に対して価額償還請求をする場合にも、同様の直接取立権と受領権を認める。 なお、受益者又は転得者が、返還又は償還すべき金銭その他の動産を取消債権者に引き渡せば、これにより、詐害行為取消権の行使を原因とする受益者又は転得者の返還・償還義務は、全ての取消債権者及び債務者との関係で消滅する。

10　詐害行為の取消しの効果

（規定なし）	1又は6の取消しの請求を認容する確定判決	債務者にも確定判決の効力が及ぶとする点で現行

※以下の判例あり。 ◇裁判所が詐害行為を取り消したときは、その行為は原告たる取消債権者と訴訟の相手方である受益者又は転得者との間では無効となるが、訴訟に関与しなかった債務者・受益者・転得者に対しては依然として有効である（大連判明44・3・24民録17輯117頁）。	は、債務者及びその全ての債権者に対してもその効力を有する。	法からの大きな変更となる（相対的取消説の不採用）。 なお、転得者に対してされた詐害行為取消しの効果は、債務者のほか当該転得者に及ぶが、当該転得者の前者（受益者や自己の前の転得者）には及ばない。したがって、当該転得者が債務者に対して現物返還・価額償還をした場合であっても、当該転得者は前者に対してした反対給付の返還を請求したり、前者に対して有していた債権の回復を求めたりすることはできない（後記第16-13により債務者に対して所定の請求権を行使することになる）。

11 受益者の反対給付

（規定なし） ※債務者の行為が取り消された結果、受益者は債務者から取得した財産を失い、又は、価格賠償をさせられ、損失を被った場合につき、①債務者・受益者間が売買契約であるなど、受益者が債務者に対価を支払っていた場合であれば、受益者が目的物を返還したときは、債務者の一般財産は、その対価に相当する分だけ不当利得するので、受益者はその返還を請求でき	債務者がした財産の処分に関する行為（債務の消滅に関する行為を除く。）が取り消されたときは、受益者は、債務者に対し、当該財産を取得するためにした反対給付の返還を請求することができる。債務者が当該反対給付の返還をすることが困難であるときは、受益者は、価額の償還を請求することができる。	受益者が詐害行為により逸出した財産又はその価額を取消債権者又は債務者に対して返還することが先履行となる。 受益者の債務者に対する価額償還請求権は、債務者に対する他の一般債権者の債権と対等の地位を有する（債権者平等原則に服する）にすぎない。

るとする学説（我妻ほか。ただし、相対的取消論によれば、債務者・受益者間では目的物は受益者に帰属したままであり、債務者にせよ、債務者の一般財産にせよ、不当利得は生じないとの批判あり）、②受益者から債務者に財産が復帰した段階では不当利得は発生しないが、その後、復帰した財産に対する強制執行等により、取消債権者又はその他の債権者が弁済を受けたときは、その債務消滅分が不当利得になるとする学説（奥田ほか）がある。		

12 受益者の債権

（規定なし） ※債務者がした弁済その他の債務の消滅に関する行為が受益者との関係で詐害行為とされて取り消された場合において、受益者が債務者から受けた給付（代物給付を含む）を返還し、又はその価額の「全部」を償還したときは、受益者の債権が原状に復するとの判例（大判昭16・2・10民集20巻79頁）あり。	<u>債務者がした債務の消滅に関する行為が取り消された場合（5による取消しの場合を除く。）において、受益者が債務者から受けた給付を返還し又はその価額を償還したときは、受益者の債務者に対する債権は、これによって原状に復する。</u>	破産法169条と同趣旨の規定であり、現行法における判例法理（左記大判昭16・2・10民集20巻79頁）でもある。復活した債権と、受益者の給付又はその価額の返還義務との間に、同時履行の関係はない（受益者が給付又はその価額の全部を返還することが先履行）。

13 転得者の反対給付及び債権

（規定なし）	（1）債務者がした行為が転得者に対する詐害行	債務者の行為が転得者との関係で取り消された場

| | 為取消権の行使によって取り消されたときは、当該転得者は、次のア又はイに掲げる区分に応じ、それぞれ当該ア又はイに定める権利を行使することができる。
ア 11に定める行為が取り消された場合
当該行為が受益者に対する詐害行為取消権の行使によって取り消されたとすれば11によって生ずべき受益者の債務者に対する反対給付の返還請求権又はその価額の償還請求権
イ 12に定める行為が取り消された場合（5による取消しの場合を除く。）
当該行為が受益者に対する詐害行為取消権の行使によって取り消されたとすれば12によって回復すべき受益者の債務者に対する債権
(2) (1)による転得者の債務者に対する権利行使は、当該転得者がその前者から財産を取得するためにした反対給付の価額又はその前者から財産を取得することによって消滅した債権の価額を限度とする。 | 合、転得者は、詐害行為により受益者から得た財産又はその価額を取消債権者又は債務者に返還することになる。しかしながら、転得者に対して行使された詐害行為取消しの効果は、転得者の前者には及ばない。そうすると、転得者が取消債権者又は債務者に現物の返還又は価額の償還をしたとしても、転得者の前者に対する反対給付の返還請求や、転得者の前者に対して有していた債権の回復は認められない。そこで、要綱は、左記の各権利の行使を転得者に認めることで転得者の保護を図った。 |

14 詐害行為取消権の期間の制限（民法第426条関係）

| 第424条の規定による取消権は、債権者が取消しの原因を知った時から2年間行使しないとき | 1又は6の取消しの請求に係る訴えは、債務者が債権者を害することを知って行為をしたことを | 現行法の期間の意味を消滅時効・除斥期間から出訴期間に改めるとともに、長期の期間を10年 |

は、時効によって消滅する。行為の時から20年を経過したときも、同様とする。（426条）	債権者が知った時から2年を経過したときは、<u>提起することができない</u>。行為の時から<u>10年</u>を経過したときも、同様とする。	に短縮。

●実務に影響があるポイント●

　転得者に対して詐害行為取消権を行使できる場合が限定され、債務者から逸出した財産が転得者に渡った場合には、債権回収が制限される可能性があります。

第11節 連帯債務

Q30 連帯債務者の一人に生じた事由の他の連帯債務者への効力に関する規律はどのように変更されますか？

A 連帯債務者の一人に生じた事由の他の連帯債務者への効力について、現行法は絶対的効力が生じる事由を広く認めていましたが、その一部について要綱では相対的効力に変更がなされています。

1 はじめに

（1） 連帯債務について

金融取引において、金融機関に対し複数の債務者が連帯して債務を負担することがあります（住宅ローンで夫婦を連帯債務者とするケース等）。

この場合、債権者は連帯債務者の一人に対し、または同時にもしくは順次にすべての連帯債務者に対し、全部または一部の履行を請求することができます（民法432。要綱でも変更なし）。

どのような場合に連帯債務が成立するかについて現行法は規定していませんが、要綱では現在の一般的理解に従い「債務の目的がその性質上可分である場合において、法令の規定又は当事者の意思表示によって数人が連帯して債務を負担するとき」に連帯債務が成立する旨を規定しています（要綱21頁）。

（2） 連帯債務者の一人に生じた事由の効力について

現行法は、連帯債務者の一人に生じた事由の他の連帯債務者への影響について規定を置いていますが、これら規定の一部が要綱で変更されていま

す（要綱 21 頁以下）。すなわち、以下に述べるとおり現行法で絶対的な効力を有するとされた事由の一部が相対的な効力に留まるものと変更されており、この点は金融実務にとって重要な変更といえます。

2 現行法の規律

(1) 原則

現行法は、連帯債務者の一人に生じた事由について、他の連帯債務者へ影響を及ぼさない（相対的な効力しか有しない）との原則をとっています（民法 440）。

したがって、連帯債務者の一人に対してなされた判決の効力や、連帯債務者の一人が債務を承認したことによる時効中断の効力は、他の連帯債務者には及びません。

(2) 例外（絶対的効力を生じる事由）

もっとも、現行法は、上記の相対的効力の原則の例外を広く認めており、連帯債務者の一人に生じた事由で他の連帯債務者へ影響を及ぼすもの（絶対的な効力を有するもの）として、「履行の請求」、「更改」、「相殺」、「免除」、「混同」、「時効の完成」を定めています（民法 434〜439）（図表 30-1「連帯債務の絶対的効力に関する規律」参照）。

(3) 連帯保証への準用

なお、金融機関が融資を行う際などに連帯保証人を立ててもらうケースは極めて多いところ、上記(1)および(2)で述べた連帯債務の効力に関する規律はすべて連帯保証にも準用されています（民法 458）。すなわち、連帯保証人のみに生じた事由が主債務者に及ぼす効力については原則として上記(1)および(2)に従うことになります。

【図表30-1】 連帯債務の絶対的効力に関する規律

	現行法における規律内容	要綱
履行の請求 (民法434)	連帯債務者の一人に対する履行の請求は、他の連帯債務者に対しても効力を生じる。	民法第434条は削除(**相対的効力に変更**)。
更改 (民法435)	連帯債務者の一人との間の更改により、債権はすべての連帯債務者の利益のために消滅する。	変更なし。
相殺 (民法436)	連帯債務者の一人が債権者に対して反対債権を有し、その連帯債務者が相殺を援用したときは、債権はすべての連帯債務者の利益のために消滅する。	変更なし。
	連帯債務者の一人が債権者に対して反対債権を有し、その連帯債務者が相殺を援用しない間は、その連帯債務者の負担部分についてのみ他の連帯債務者は相殺を援用することができる(判例は債務消滅構成をとる(大判昭和12年12月11日民集16巻24号1945頁))。	民法第436条を変更。左記の場合において、他の連帯債務者は<u>自己の債務の履行を拒絶することができる</u>(**履行拒絶構成**)。
免除 (民法437)	連帯債務者の一人に対する債務の免除は、その連帯債務者の負担部分についてのみ、他の連帯債務者の利益のためにも効力を生じる。	民法第437条を削除(**相対的効力に変更**)。
混同 (民法438)	連帯債務者の一人と債権者との間に混同があったときは、その連帯債務者は、弁済をしたものとみなす。	変更なし。
時効の完成 (民法439)	連帯債務者の一人のために時効が完成したときは、その連帯債務者の負担部分については、他の連帯債務者も、その義務を免れる。	民法第439条を削除(**相対的効力に変更**)。
弁済等 (解釈上認められる)	連帯債務者の一人が行った弁済・代物弁済・供託や、一人に生じた受領遅滞は、他の連帯債務者に対しても効力を生じる。	変更なし。

3 要綱の内容

(1) 現行法からの変更点の概要とその趣旨

　要綱においては、現行法において広く認められていた例外事由について見直しがなされており、絶対的効力を生じる事由が限定され相対的効力の原則が強化されています（要綱21頁以下）。具体的には、現行法において絶対的効力が生じるとされていた事由のうち、「履行の請求」、「免除」および「時効の完成」について、相対的効力へと変更されました（なお、「相殺」についても一部、規定が変更されています）。

　「履行の請求」について相対的効力に留まるとされた趣旨は、請求を受けていない他の連帯債務者の知らない間に当該連帯債務者にも履行遅滞や消滅時効の点で不利益が生じることが当該連帯債務者に酷といえる点にあります。また、「免除」および「時効の完成」について相対的効力に留まるとされたのは、連帯債務が有する担保的機能を重視しこれを強化する目的によるものです。

　以上の具体的な変更内容について、現行法の規律との比較を前掲の図表30-1「連帯債務の絶対的効力に関する規律」に示します。

　なお、相対的効力の原則についても民法第440条を改め「債権者及び連帯債務者の一人が別段の意思を表示したときは、当該他の連帯債務者に対する効力は、その意思に従う」旨のただし書を加え、当事者（債権者と連帯債務者の一人）の合意による例外を許容する内容となっています（要綱22頁）。したがって、当事者の合意により絶対的効力への変更も可能となっています。

(2) 連帯保証への準用について

　連帯債務の効力に関する規律が連帯保証にも準用される点については変更ありません。

(3) 求償権について

連帯債務者の一人が弁済など自己の財産をもって共同の免責を得た場合に関する連帯債務者間の求償関係について、要綱では現在の判例法理に従い、自己の負担部分を超えるか否かを問わず他の連帯債務者に求償を行うことができる旨が明文化されています。

●実務に影響があるポイント●

- 「免除」「時効の完成」について相対的効力への変更がなされたことについては、連帯債務の担保的機能を強化するものであり、金融機関が債権者の立場に立つことの多い金融実務においては歓迎すべき変更であるといえます。
- 他方、「履行の請求」について相対的効力への変更がなされたことは、消滅時効の完成や遅滞責任との関連で実務上金融機関に与える影響が大きいといえます。この点については Q31 で詳しく述べることとします。

第 11 節　連帯債務

Q31 連帯債務者の一人に対する履行の請求の効力について、現行法の規律が要綱で変更されているとのことですが、実務上どのような点に留意すべきでしょうか？

A 　現行法では、連帯債務者の一人に対する履行の請求は絶対的効力を有するとされていましたが、要綱ではこれを改め相対的効力しか生じないものとされました。これにより、債権者である金融機関は、消滅時効の完成や遅滞の発生時期の点で不利益を被るおそれがあり、債権管理において注意を要します。なお、要綱では当事者間で別段の合意も可能であるとされていますので、あらかじめ銀行取引約定書を改定したり、融資契約の際に契約書に条項を設けたりして、当事者間で履行の請求の絶対的効力を合意しておくことが有効な対策となり得ます。

1　要綱の内容

　Q30で確認したとおり、連帯債務者の一人に対する履行の請求について、現行法下では他の連帯債務者に対しても効力を生じるとされていたところ（民法434。絶対的効力）、要綱では民法第434条は削除するものと定められています（要綱21頁）。これにより、連帯債務者の一人に対する履行の請求は他の連帯債務者に対して効力を生じない（相対的効力）ことになります。また、連帯債務の効力に関する規律はすべて連帯保証にも準用されているため（民法458）、連帯保証人に対する履行の請求は主債務者に対して効力を生じないことになります（以上につき【図表31-1】参照）。

　このような変更がなされる趣旨は、連帯債務者間には必ずしも密接な関係があるとはいえないところ、履行の請求に常に絶対的効力を認めたので

【図表 31-1】 連帯債務者の一人（連帯保証人）に対する履行の請求の効果の比較

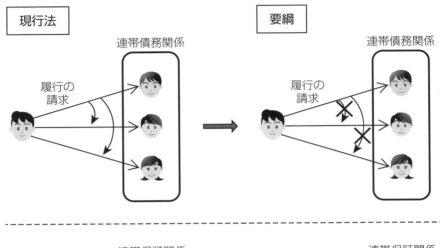

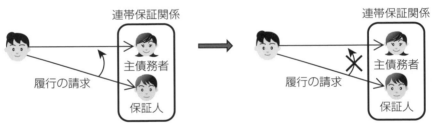

は、請求を受けていない他の連帯債務者の知らない間に当該連帯債務者にも履行遅滞や消滅時効の中断（要綱では時効の「中断」・「停止」は「更新」・「完成猶予」と呼称されることになります）の効果が生じ当該連帯債務者に酷といえる点にあります。

2 民法第434条削除による影響

民法第434条が削除され、連帯債務者の一人に対する履行の請求が他の連帯債務者に対して効力を生じないことにより、主に以下のような影響が

あります。

(1) 時効中断効に関する影響

現行法下では、連帯債務者の一人に裁判上の請求をすればその絶対的効力により他の連帯債務者との関係でも消滅時効は中断されました（民法147一）。しかし、要綱では他の連帯債務者との関係では消滅時効は中断（更新）されないことになります。例えば、債権者（G）が連帯債務者（S1・S2・S3）のうちS1にのみ裁判上の請求をし判決により権利が確定した場合、S1に対する関係では債権の消滅時効は中断（更新）されますが、S2・S3との関係では中断（更新）は生じません。

(2) 遅滞責任の発生時期に関する影響

また履行の請求には、期限の定めのない連帯債務について遅滞責任を生じさせる効果があります（民法412③）。

現行法下では、連帯債務者の一人に請求すればその絶対的効力により他の連帯債務者についても遅滞責任を生じさせることができました。しかし、要綱では他の連帯債務者との関係では遅滞責任は生じないことになります。前記(1)の例でいうと、GがS1に期限の定めのない連帯債務につき履行の請求をしても、S2・S3に履行遅滞責任は生じません。したがって、S2・S3に対し遅延損害金の請求はできないことになります。

3 別段の意思表示

相対的効力の原則について、要綱では「債権者及び連帯債務者の一人が別段の意思を表示したときは、当該他の連帯債務者に対する効力は、その意思に従う」旨のただし書が加えられています。すなわち、当事者（債権者と連帯債務者の一人）の合意による例外を許容する内容となっています。

前記2(1)の例でいうと、GとS2の間に「他の連帯債務者の一人へ履行の請求を行った場合には、S2にも履行の請求がなされたこととする」旨

の合意があれば、S1への履行の請求には絶対的効力が認められることとなります。なお、GとS2との間に「S2へ履行の請求を行った場合には、S1にも履行の請求がなされたこととする」旨の合意をしても前記「別段の意思表示」には該当せず相対的効力の例外は認められない点に注意が必要です。

●実務に影響があるポイント●

- 連帯債務者の一人に対して履行の請求をしてもその効力は他の連帯債務者に及びません。金融機関としては、連帯債務者全員に対して請求を怠らないよう時効管理等をしていくことが必要となります。
- また、連帯保証人に対して請求をしてもその効力は主債務者に及びません。金融機関としては、主債務者に対しても請求を怠らないよう時効管理等をしていくことが必要となります。
- ただし、以上につき別段の定めを行うことは許容されています。そこで、銀行取引約定書を改定したり、契約書に条項を設けたりすることにより、当事者間で履行の請求の絶対的効力を合意しておくことが重要となります。

第12節 保証債務

Q32 個人保証については、どのような場合に制限されるのでしょうか？

A 事業目的の貸金等債務の個人保証について、いわゆる経営者保証を除き、保証契約締結前1か月以内に（公証人に対する口授等を経たうえでの）公正証書による保証の意思表示をしない限り個人保証が認められないことになります。金融機関としては、個人保証が認められない保証に該当するかについて判断を行う必要があり、特に「経営者」に該当するか否か、借入が事業目的であるか否かについて、実質的な判断を求められる可能性があります。

1 個人保証の制限の背景

　保証人を個人とする個人保証の制限については、現行法では、貸金等根保証において極度額の定めなどが必要であるとしていることを除き、特段の制限はなされていません。

　保証契約は、不動産等の物的担保の対象となる財産を持たない債務者が自己の信用を補う手段として実務上重要な意義を有しているものです。一方で個人の保証人が想定していなかった多額の保証債務の履行を求められ、生活の破綻に追い込まれるような事例が後を絶たないことから個人保証自体について社会的な問題となりました。そこで、一定の個人保証を無効とすべきであるなどの考え方が示されています。

　この点、金融機関業務との関係では、中小・地域金融機関向けの総合的な監督指針において、経営者以外の第三者の個人連帯保証を求めないこと

を原則とする融資慣行の確立、保証履行時における保証人の履行能力等を踏まえた対応の促進について定められています（注1）。また、中小企業庁では、信用保証協会が行う保証制度について、経営者本人以外の第三者を保証人として求めることを、原則禁止しています（注2）。さらに、平成25年12月に策定された「経営者保証に関するガイドライン」（経営者保証に関するガイドライン研究会）においては、保証契約時と保証債務の整理時に関して、経営者保証の必要性や保証契約の見直し、経営者の経営責任の在り方等について規定しています。

　これらの考え方を踏まえつつ、要綱では、以下のとおり個人保証について規定しています。

（注1）中小・地域金融機関向けの総合的な監督指針（平成26年12月）Ⅱ-11
（注2）信用保証協会における第三者保証人徴求の原則禁止について（平成18年3月31日、中小企業庁金融課）

2　個人保証の制限の内容

　要綱では、保証人となろうとする者（以下「保証人予定者」という）が法人である場合や、いわゆる経営者保証の場合を除き（要綱第18の6(1)ウ、(2)イ、(3)）、一定の保証契約については、保証人予定者が、契約締

【図表32-1】　個人保証が制限される契約の類型

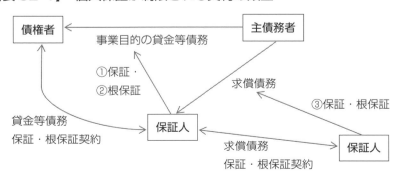

結前1か月以内に作成された公正証書で保証債務を履行する意思表示をしていなければ、効力を生じないものとされています（要綱第18の6(1)ア、(2)）。この一定の保証契約の類型は、①事業目的で負担した貸金等債務を主債務とする保証契約、②主債務の範囲に事業目的で負担する貸金等債務が含まれる根保証契約、③ ①・②の各契約の保証人から主債務者に対する求償権に係る債務を主債務とする保証契約・根保証契約（いわゆる保証会社宛保証の場合）になります（【図表32-1】）。貸金等債務とは、金銭の貸渡しまたは手形の割引を受けることによって負担する債務のことを言います。

言い換えれば、いわゆる経営者保証の場合を除き、事業目的の貸金等債務を対象とする個人保証・根保証契約については、その前1か月以内に公証人の作成した公正証書による意思表示を行っていない限り、無効なものとして取り扱われることになります。

3 個人保証の制限の例外

ここで、個人保証の制限については、保証人予定者が以下の者である保証契約については、適用しないものとされています（要綱第18の6 (3)）。

◆主債務者が法人の場合
① 理事、取締役、執行役またはこれらに準ずる者
② 総株主の議決権（議決権を有しない株式をを除く、以下同様）の過半数を有する者
③ 主債務者の総株主の議決権の過半数を他の株式会社が有する場合、当該他の株式会社の総株主の議決権の過半数を有する者
④ 主債務者の総株主の議決権の過半数を、他の株式会社および当該他の株式会社の総株主の議決権の過半数を有する者が有する場合、当該他の株式会社の総株主の議決権の過半数を有する者
⑤ ②～④に準ずる者

【図表32-2】 主債務者が法人の場合の②〜④の保証人予定者

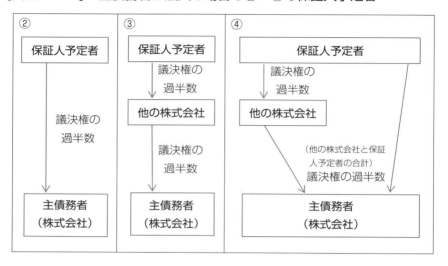

◆主債務者が個人の場合

⑥ 共同事業者

⑦ 主債務者が行う事業に現に従事している配偶者

このうち、③・④については、②のように直接的に議決権の過半数を有する者のみならず、間接的に議決権の過半数を有することにより実質的に主たる債務者と同一であると評価できる者についても対象とする趣旨になります（注1）。

また、株式会社以外の法人における総社員の議決権の過半数を有する者については、⑤の②〜④に準ずる者に含まれることになります（注2）。

(注1) 民法（債権関係）の改正に関する要綱案の原案（その1）補足説明4頁
(注2) 民法（債権関係）の改正に関する要綱案の原案（その1）補足説明4頁

●実務に影響があるポイント●

- 個人を保証人とする場合の法的効果の判断をする必要が生じ、特に、アパートローンにおける事業目的の有無、経営者に該当するか否かに関しては、一定の基準を定めつつ個別での判断を行うなど、適切に判断をする必要があります。
- 当初保証契約締結時に公正証書を作成して対応する場合、リスケジュールなどの金銭消費貸借契約の変更時に保証人から同意を得るときにも公正証書の作成が必要になるのか、その必要になる範囲が問題になります。実務上、保証人に不利益な変更の際には公正証書の作成が必要であることを前提としつつ、一方で固定利率と変動利率の切り替えなどの利益とも不利益ともいえない変更に関しては判断が難しいことから、当初の保証契約の際に想定される限りの記載を公正証書において行うなどの方法が考えられます。

Q33 個人保証の制限の対象となる場合、どのような方法で公正証書を作成することになるのでしょうか？

A 保証人予定者が、一定の事項を公証人に口授のうえで、公証人がその内容を筆記して保証人予定者に読み聞かせるなどして、さらに保証人予定者・公証人が署名・押印等をする（これにより公正証書による保証の意思表示を行う）必要があります。金融機関としては、公証人に対する口授の内容・方法について検討を行う必要があります。

1 公正証書の作成手続

個人保証の制限の対象となる場合、以下の手順で公正証書を作成し、保証人予定者の保証の意思表示をする必要があります（要綱第18の6(1)イ）。

	手続者	手続きの内容
①	保証人予定者	・一定の事項を公証人に口授
②	公証人	・保証人予定者の口述を筆記 ・保証人予定者に読み聞かせ、または閲覧させる
③	保証人予定者	・筆記の正確性を承認 ・署名・押印 ・保証人予定者が署名不可の場合、公証人がその事由を付記
④	公証人	・①～③の方式に従って作ったものである旨を付記 ・署名・押印

ここで、①の一定の事項とは以下の内容になります（要綱第18の6(1)イ(ア)a・b）。

◆保証契約の場合
- 債権者 ●主債務者 ●主債務の元本
- 利息・違約金・損害賠償その他その債務に従たるすべてのものの定めの有無・内容
- 主債務者が債務を履行しないときには債務の全額を履行する意思を有していること

◆連帯保証契約の場合
- 債権者 ●主債務者 ●主債務の元本
- 利息・違約金・損害賠償その他その債務に従たるすべてのものの定めの有無・内容
- 主債務者が債務を履行しないときには、債権者による主債務者への催告の有無、主債務者の履行可能性、他の保証人の有無にかかわらず、債務の全額を履行する意思を有していること

◆根保証契約の場合
- 債権者 ●主債務者 ●主債務の範囲
- 極度額・元本確定期日の定めの有無・内容
- 主債務者が債務を履行しないときには極度額の限度で元本確定期日または元本確定事由発生時までに生ずべき主債務の元本・利息・違約金・損害賠償その他その債務に従たるすべてのものの全額を履行する意思

◆連帯根保証契約の場合
- 債権者 ●主債務者 ●主債務の範囲
- 極度額・元本確定期日の定めの有無・内容
- 主債務者が債務を履行しないときには、債権者による主債務者への催告の有無、主債務者の履行可能性、他の保証人の有無にかかわらず、極度額の限度で元本確定期日または元本確定事由発生時までに生ずべき主債務の元本・利息・違約金・損害賠償その他その債務に従たるすべてのものの全額を履行する意思を有していること

なお、保証人予定者の発語や聴取に不自由がある場合は、民法第969条の2（公正証書遺言の方式の特則）を参考に、概ね以下の対応をとったうえで、その旨を公正証書に付記することになります。

◆発語が不自由な場合（口がきけない場合）
　①の口授に代えて、公証人および証人の前で、各事項について通訳人の通訳により申述し、または自書する。

◆聴取が不自由な場合（耳が聞こえない場合）
　②の読み聞かせに代えて、筆記した内容を通訳人の通訳により保証人予定者に伝える。

●実務に影響があるポイント●

- 公正証書の作成手続に際しては、保証人予定者が各事項についての口授を行うことになりますので、保証人予定者による理解・口授をサポートするためのツールを用意することが考えられます。
- 口授する事項については、主債務者の事情などによって公正証書作成後契約締結までの間に変更が生じる可能性があるため、事後的な変更が生じうる事項については、保証人予定者が不利益として覚悟し得る範囲の上限を定めて口授を行うべきものと考えられます。

第12節　保証債務

Q34 保証契約締結に関して誰がどのような情報を提供する必要があり、金融機関としてはどのような対応をとる必要があるのでしょうか？

A 主債務者は、事業目的の債務についての保証を委託するときは、委託を受ける個人に対して財産・収支の状況、主債務以外の債務の内容、担保の内容に関する情報を提供しなければならないものとされています。説明の不実施や誤りにより保証の意思表示をし、債権者が不実施・誤りを知り得た場合には保証契約が取り消され得ることになるので、金融機関としては、主債務者による情報提供義務の履践の状況について確認する必要があります。

1　契約締結時の情報提供義務

契約締結時の情報提供義務について、要綱では、主債務者が、事業目的の債務を主債務とする保証、主債務の範囲に事業目的の債務が含まれる根保証の委託をするときは、委託を受ける者（以下「保証受託者」という）に対し、以下の事項に関する情報を提供しなければならないものとされています（要綱第18の6(4)ア）。

① 財産および収支の状況
② 主債務以外に負担している債務の有無・額・履行状況
③ 主債務の担保として他に提供し、または提供しようとするものがあるときは、その旨・内容

この情報提供義務については保証予定者が法人である場合には適用しないものとされています（要綱第18の6(4)ウ）が、個人保証自体の制限（Q32）の場合のように取締役・支配株主・共同事業者・配偶者などに対する例外は設けられていない（情報提供が必要になる）ため、注意が必要

です。また、貸金等債務を対象とする保証・根保証にも限定されておらず、例えば事業目的で建物を賃借する場合や機械・設備等のリースを行う場合の主債務者（保証委託者）・保証人（保証受託者）に対しても適用されるため、この点も注意が必要となります。

2　保証契約の取り消し

　主債務者が必要事項についての情報を提供せず、または事実と異なる情報を提供したために保証受託者が当該事項について誤認をし、それによって保証の意思表示をした場合、主債務者が情報を提供せず、事実と異なる情報を提供したことを債権者が知りまたは知ることができたときには、保証人は、保証契約を取り消すことができることになります（要綱第18の6(4)イ）。

　よって、特に根保証や段階的な貸出の場合で説明の不実施や誤りが判明したときには、その後の貸出について一度止めたうえで、保証人への意思確認を行うなどの対応をとることになります。

●実務に影響があるポイント●

- 金融機関としては、主債務者による情報提供義務の不実施、誤りがあると保証契約を取り消され得ることから、主債務者による情報提供義務の履践の状況について、どこまで確認する必要があるかについて検討をすることになります。
- 例えば、情報提供が必要な各事項の情報の提供を受けた旨の書面や、各事項の具体的な内容を記載した書面の提出を受ける方法、一定の裏付資料の提出を求める方法、金融機関の職員が実際に情報提供の場に立ち会う方法などが考えられます。手続きが仔細になるほど金融機関が「知り得た」と評価される可能性が低くなるというメリットはある一方で、提供する情報の内容に誤りがあっても必ずしも気づけるものではないことなどから、どのような対応とすべきかについては、立法前後の動向も注視しつつ判断することになるものと考えられます。

Q35 保証契約締結後の金融機関による情報提供義務について教えて下さい。

A 委託を受けた保証人から請求があったときには、主債務の元本・利息・違約金・損害賠償の不履行の有無・残額・弁済期到来額に関する情報を提供する必要があります。また、主債務者が期限の利益を喪失したとき、債権者は、個人保証人に対し、これを知った時から２か月以内に、その旨を通知しなければならないものとされています。

1 保証人の請求による主債務の履行状況に関する情報提供義務

保証人が主債務者の委託を受けて保証をした場合、保証人の請求があったとき、債権者は保証人に対し、遅滞なく、主債務の元本・利息・違約金・損害賠償その他その債務に従たるすべてのものについての不履行の有無・残額とそのうち弁済期が到来しているものの額に関する情報を提供しなければならないものとされています（要綱第18の6(5)）。この義務については、保証人が個人の場合に限らず、法人の場合にも存するものとして規定されています。

2 主債務者が期限の利益を喪失した場合の情報提供義務

主債務者が期限の利益を喪失した場合、債権者は個人保証人に対し、当該期限の利益の喪失を知った時から２か月以内に、その旨を通知しなければならないものとされています（要綱第18の6(6)ア・ウ）。

２か月以内に通知をしないと、債権者は、保証人に対し、主債務者が期限の利益を喪失した時から当該通知をするまでに生ずべき遅延損害金に係る保証債務の履行を請求することができず、ただし、期限の利益を喪失しなかったとしても生ずべき遅延損害金については履行を請求できるとされ

ています（要綱第18の6(6)イ）。具体的には、すでに期限が到来しており期限の利益の喪失の対象にならない部分に係る遅延損害金や、利息に相当する部分については、通知の有無にかかわらず発生するものと考えられます。

●実務に影響があるポイント●
- 保証人の請求に対する情報提供について、金融機関はこれまでも今回の改正で必要となる情報提供を行ってきているものと思われます。
- よって、実務対応の変更を必ずしも要するものではありませんが、これらの義務が法的義務として明記され、提供事項も明示されたものであるため、その点を社内ルールに明示するなどして対応に漏れがないようにする必要があります。

Q36 個人根保証については要綱ではどのような改正が予定されていますか？

A 極度額と一部の元本確定事由についての貸金等根保証に係る規定の適用を、個人根保証一般に拡大しています。これにより、貸金等根保証以外の個人根保証がある場合に、書面等での極度額の定めが必要となるためその体制の整備が必要になるほか、債権管理上元本確定事由についても意識する必要が生じます。

1 極度額（民法第465条の2関係）

　根保証契約（一定の範囲に属する不特定の債務を主債務とする保証契約）で保証人が法人でないもの（以下「個人根保証契約」という）の保証人は、主債務の元本、利息・違約金・損害賠償その他その債務に従たるすべてのものおよびその保証債務について約定された違約金・損害賠償の額について、その全部に係る極度額を限度として、その履行をする責任を負うことになります（要綱第18の5(1)ア）。また、個人根保証契約は、極度額を書面または電磁的記録によって定めなければ効力を生じません（要綱第18の5(1)イ・ウ、民法446②・③）。

　これらについては、現行法では個人を保証人とする貸金等根保証（債務の範囲に金銭の貸渡しまたは手形の割引を受けることによって負担する債務が含まれる根保証）の場合のみを対象としている極度額および元本確定期日の定めに関する規定について、貸金等根保証以外の個人根保証にも対象を広げて適用することとするものです。

2 元本の確定事由（民法第465条の4関係）

　個人根保証の元本確定事由について、要綱では、以下のとおり個人根保

証一般について元本確定事由となるものと貸金等根保証の場合にのみ元本確定事由となるものについて分けて規定しています。

この点、現行法では貸金等根保証についてのみ元本確定事由を定めており、その内容についての変更はありません（現行法でも下記の各事由が元本確定事由になっています）。新たに貸金等根保証以外の個人根保証についても、◎で示した各事由については元本確定事由に該当するとされたものになります。

貸金等根保証以外の個人根保証については、〇で示した各事由が元本確定事由に含まれません。これは、具体的に想定される賃貸借契約における賃借人や継続的売買における買主を主債務者とする根保証に関しては、主債務者の財産への強制執行・担保権の実行や破産手続の開始決定があったとしても、信頼関係の破壊がない限り直ちに賃貸借契約等を解除できるとは言えず、解除までの間賃料債務等が発生し続けることによるもの（その負担を保証人にさせることも不合理とはいえないことによるもの）です。

【図表36-1】対象者への一定の事由の発生と元本確定事由への該当性

◎：個人根保証一般についての元本確定事由（第18の5(2)ア）に該当する
〇：貸金等根保証固有の元本確定事由（第18の5(2)イ）に該当する

元本確定事由	対象者	
	主債務者	保証人
① 債権者が、対象者の財産について金銭債権についての強制執行・担保権の実行を申し立てたとき（手続きの開始があったときに限る）	〇	◎
② 対象者が破産手続開始の決定を受けたとき	〇	◎
③ 対象者が死亡したとき	◎	◎

3　求償権についての保証契約（民法第465条の5関係）

　保証人が法人である根保証契約（②については貸金等根保証契約のみ）について以下の事項が定められていない場合、当該根保証契約に基づく求償権を対象とし、個人を保証人とする保証契約・根保証契約に関しては効力を生じないものとされています（要綱第18の5(3)ア〜ウ）。

①　極度額（要綱第18の5(3)ア）
②　元本確定期日（元本確定期日の定めや変更の内容が契約締結日以降5年超の日となる場合（注）も同様、要綱第18の5(3)イ）

（注）ただし、元本確定期日の前2か月以内に元本確定期日の変更をする場合で、変更後の元本確定期日が変更前の元本確定期日から5年以内の日となるときは除かれます（民法465の3③ただし書）。

●実務に影響があるポイント●

- 貸金等根保証以外の個人根保証、例えばリース料債権の根保証や不動産賃貸借契約の根保証を行う場合に、極度額について書面等において規定する必要があり、関係契約書類について見直しを行う必要があります。
- 貸金等根保証以外の個人根保証においても元本確定事由の発生により元本が確定するため、この点を認識して債権管理を行うことになります。
- 貸金等根保証以外の個人根保証については取り扱う割合は多くないことも考えられますが、一部のケースで通常のフローとは異なる手続きが求められることも考えられ、漏れがないようにチェックをすることが肝要になります。

Q37 その他、要綱では保証債務についてどのような改正が予定されていますか?

A 保証債務の付従性や主たる債務者の有する抗弁等、保証人の求償権に関しては現在の一般的な理解や判例についての明文化等がなされています。連帯保証人について生じた事由の効力については、履行の請求について連帯債務とあわせて相対的効力になったほか、準用の余地がない規定について準用規定から外し、準用の範囲を明示しています。

1 保証債務の付従性（民法第448条関係）

　民法第448条では、保証人の負担が債務の目的・態様において主債務より重いときは、これを主債務の限度に減縮すると規定されています（要綱第18の1(1)）。要綱では、この規定に加えて、主債務の目的・態様が保証契約の締結後に加重されたときであっても、保証人の負担は加重されないという一般的な理解について明文化し、追加しています（要綱第18の1(2)）。もちろん、このような場合でも、保証人の同意を得れば新たな合意として保証人に対しても効力が及ぶものになりますので、これまでと同様、金銭消費貸借契約の変更契約を締結する際には、原則として保証人の同意を都度取得することとなります。

2 主債務者の有する抗弁等

(1) 主債務者の有する抗弁

　主債務者の有する抗弁について、要綱では、保証人は、主債務者が主張することができる抗弁をもって債権者に対抗することができるものとされています（要綱第18の2(1)）。現行法では、保証人は、主債務者の債権による相殺をもって債権者に対抗することができるとされています（民法

457②）が、判例では抗弁権一般を主張できるものとされており（注）、これを明文化したものとなります。

(2) 主たる債務者の有する相殺権、取消権または解除権

主債務者が債権者に対して相殺権、取消権または解除権を有するときは、これらの権利の行使によって主債務者がその債務を免れる限度において、保証人は、債権者に対して債務の履行を拒むことができるものとされています（要綱第18の2(2)）。これは、保証人が（主債務者に代わって）主債務を発生させた契約やこれに係る債権を消滅させることができるものではないという一般的な理解を明文化したものになります。

（注）最判昭和40年9月21日民集19巻6号1542頁

3 保証人の求償権

(1) 委託を受けた保証人の事後求償権（民法第459条関係）

委託を受けた保証人の事後求償権については、以下のとおり規定されています。

まず、保証人が主債務者に代わって債務の消滅行為をした場合、保証人は支出した財産額または債務の消滅額のうち小さい方の額の求償権を有し（要綱第18の3(1)ア）、これには債務の消滅行為の日以後の法定利息・必要費用その他の損害賠償を包含するものとしています（要綱第18の3(1)イ）。この規定については、現行法の規定を整理しつつ、求償額の範囲について明確化したものになります。

弁済期前の債務の消滅行為に関しては、保証人は主債務者がその当時利益を受けた限度で求償権を有し（要綱第18の3(1)ウ前段）、その範囲には主債務の（債務の消滅以後ではなく）弁済期以後の法定利息・必要費用（注）その他損害賠償を包含し（要綱第18の3(1)エ）、主債務の弁済期以後でなければ求償権は行使できない（要綱第18の3(1)オ）ものとされています。また、主債務者が債務の消滅行為の日以前に相殺の原因を有して

いたことを主張するときは、保証人は、債権者に対し、相殺によって消滅すべきであった債務の履行を請求できることになります（要綱第18の3(1)ウ後段）。これらの規定は、弁済期前の債務の消滅行為を明文で認めつつ、主債務者の期限の利益を害することができないことを明確にしたものになります。

(2) 委託を受けた保証人の事前求償権（民法第460条関係）

　事前求償権に関しては、事前求償になじまず実務上も利用がない規定（民法460三）を削除しつつ、民法第459条に定められている求償事由のうち事前求償事由として定めるのが相当であるとされた「保証人が過失なく債権者に弁済をすべき旨の裁判の言渡しを受けたとき」を事前求償事由として追加しています。

(3) 保証人の通知義務（民法第463条関係）

　主債務者・保証人間の通知義務に関して、要綱では、ア保証人の事前通知義務、イ保証人の事後通知義務、ウ主債務者の事後通知義務に分けて規定しています。これらの規定は現行法の規定が準用規定となっているものを準用とせずに各別に規定したほか、事前通知義務は委託のない保証人との関係では求償権の行使の制限もあり課すまでもないとされた程度にとどまっており、実質的には現行法の規定とほぼ変わりがないものとなっています。

　ア　保証人の事前通知義務

　　　委託を受けた保証人が主債務者に事前通知せずに債務の消滅行為をした場合、主債務者は、債権者に対抗できた事由で保証人に対抗できます。ここで、相殺をもって保証人に対抗したとき、保証人は債権者に対し、相殺で消滅すべきであった債務の履行を請求できることとなります（要綱第18の3(3)ア）。

　イ　保証人の事後通知義務

　　　保証人の債務の消滅行為後に主債務者が債務の消滅行為をした場

合、①保証人が主債務者の意思に反して保証をしたときのほか、②保証人が主債務者への事後通知を怠り、保証人の債務の消滅行為を知らずに主債務者が債務の消滅行為をしたときも、主債務者による債務の消滅行為を有効であったものとみなすことができるものとされています（要綱第18の3(3)イ）。

ウ　主債務者の事後通知義務

委託を受けた保証がある場合で、主債務者が債務の消滅行為をしたことを保証人に通知することを怠ったため、主債務者による債務の消滅行為を知らずに保証人が債務の消滅行為をしたとき、保証人はその債務の消滅行為を有効であったものとみなすことができます（要綱第18の3(3)ウ）。

（注）弁済期以後に債務の消滅行為をしたとしても避けることができなかった費用

4　連帯保証人について生じた事由の効力（民法第458条関係）

現在の民法第458条では民法第434条から第440条までの規定について連帯保証人にも準用するものと定め、連帯保証人に生じた一定の事由が主債務者に対しても効力を有するものと定めています。一方で、①連帯保証人に負担部分がないことから準用の余地がない規定（民法436②、437、439）や②保証債務の性質上当然生ずべきであり準用の実益がない規定（民法435、436①、440）があることから、③実際に準用の実益があるのは第434条（履行の請求）と第438条（混同）だけであるとされていました。

要綱では、③のうち履行の請求について相対的効力とされた（第434条が削除となった）ことからこれを対象外とし、②準用の実益がない規定とされた規定について確認的に準用されることを明示し、民法第435条（更改）、第436条第1項（相殺）、第438条（混同）および要綱第17の2(4)(相対的効力の原則、現在の民法第440条を改正する規定）の規定について連帯保証に準用する（連帯保証人に生じた事由が主債務者に対しても効力を

有する）ものとしました。

●実務に影響があるポイント●

- 保証人の求償権のうち、委託を受けた保証人の事後求償権については、現行法における考え方を整理しつつ、求償の対象となる額の範囲等の明確化をしたもので、これまでの取扱いと大きな差異が生じるものではないと考えられます。保証会社においては、改正対応として、これまでの取扱いと改正後の規定との差異の有無・内容を確認のうえ、社内のルールについて整理をすることになります。
- その他の事項については、実務上の影響はほとんどなく、あったとしても限られた場面でしか生じない軽微なものに留まるものと考えられます。

第13節 債権譲渡

Q38 譲渡制限特約の効力について教えて下さい。

A 　当事者が債権の譲渡を禁止し、または制限する特約（以下「譲渡制限特約」という）を契約で定めてある場合においても、債権者が第三者に債権を譲渡したときには当該債権譲渡は有効となります。債権の譲受人がその意思表示について悪意（知っている）、または（知らないことについて）重大な過失がある場合にのみ、その債務者は譲受人に対抗できる（譲受人に対する債務の履行を拒否でき、かつ譲渡人に対して弁済その他債権を消滅させることができる）という制限的な効力しか有しません。

1 譲渡制限特約の効力

（1） 現行法の規律

　現行法においては、当事者間の合意により譲渡を禁止する特約を設けたにもかかわらず、債権者が債権を第三者に譲渡した場合について、譲渡禁止特約が「物権的」な効力を有し、譲渡禁止特約の当事者でない、債権譲渡契約の当事者間においても譲渡は無効であるとする見解（物権的効力説）が有力であり、また、判例は、明確な判断を示していないものの、この物権的効力説を前提としていると解されています。

　ただし、譲渡禁止特約について善意の第三者には対抗できないと定められています。

(2) 要綱における提案

　要綱においては、民法第466条第2項の現行規律を改め、債権譲渡の制限の意思表示に関して、

① 当事者間において、債権の譲渡を禁止し、または制限する旨の特約（以下「譲渡制限特約」という）を設けても、債権の譲渡は、その効力を妨げられない。

② 譲渡制限特約を当事者間で締結している場合において、譲渡人が譲受人その他の第三者に対して債権を譲渡したときには、譲渡制限の意思表示があることを知り、または重大な過失によって知らなかった譲受人その他の第三者に対しては、債務者は、その債務の履行を拒むことができるほか、譲渡人に対する弁済その他の当該債務を消滅させる事由をもってその第三者に対抗することができる、

とする趣旨の提案をしています（要綱第19の1(1)）。

　①については、譲渡制限特約がある場合においても、債権譲渡を行った場合には、譲渡当事者間においても債権譲渡はその効力は妨げられないとするものです。

　比較的近時の判例において、従来の判例がその前提としてきたと理解されていた物権的効力説から直ちに導くことができない結論を有するもの（注1）が現れ、譲渡禁止特約に関する法律関係が不透明であるとの指摘がなされています。この指摘を踏まえ、取引の安定性を高める観点から、譲渡禁止特約は債務者の利益を保護するためのものであるという考え方を貫徹して法律関係を整理することによって、ルールの明確化を図るとともに、譲渡禁止特約が債権譲渡による資金調達の支障となっている状況を改善しようとすることがその提案理由です（注2）。

　②については、①において譲渡制限特約に反して債権譲渡を行った場合においても、債権譲渡を有効として債務者は譲受人からの請求に応じなければならないと規律を改めると、譲渡制限特約により、弁済先を固定した

いとする債務者の利益を損なうことになることから、譲渡制限特約について悪意・重過失の第三者（譲受人のほか質権者も含まれる）に対して、債務者は、譲渡制限特約の効力を主張できることとするものです。現行法においては譲渡禁止特約の効力について、善意の第三者に対抗できないとのみ規定されており、第三者に過失がある場合について規定されていなかったところ、従来の判例（注3）の通り、重過失のある第三者にも対抗することができる旨を明らかにしています。

なお、譲受人が譲渡制限特約について善意無重過失である場合において、その譲受人からさらに債権を譲受した者に悪意・重過失がある場合には、債務者は、債務の履行を拒み、譲渡人に対する弁済その他の債務を消滅させる事由をもって対抗できると考えられるかどうか、要綱からは、必ずしも明確ではありません。「譲受人その他の第三者」という文言からは、必ずしも排除されていないように思われますが、留意が必要です。

(注1) 法制審議会資料において、譲渡禁止特約の効力について物権的効力説の観点から直ちにその結論を導くことができない判例として挙げられているものは、「譲受人が悪意であっても、債務者がその後に債権譲渡に承諾を与えた場合には、当該譲渡は譲渡時に遡って有効となるが、第三者の権利を害することはできないとしたもの」（最判昭和52年3月17日民集31巻2号308頁、最判平成9年6月5日民集51巻5号2053頁）や、「譲渡人は、譲渡禁止特約の存在を理由に譲渡の無効を主張する独自の利益を有しないとしたもの」（最判平成21年3月27日民集63巻3号449頁）です（中間試案補足説明235頁）。

(注2) 中間試案補足説明236頁参照

(注3) 最判昭和48年7月19日民集　第27巻7号823頁

(3) 譲渡制限特約に反した譲渡をした譲渡人（債権者）と債務者の関係

譲渡制限特約があるにもかかわらず、債権者が債権を譲渡した場合には、当該譲渡は、契約違反と評価され、債権者が解約解除や損害賠償されることになるかどうかについては、要綱では明確になっていません。譲渡

制限特約を締結することそのものについては、法令に抵触することではないので、それに反する譲渡は、契約違反に該当することになり、また、その効力を契約で定めることも、不合理なものでない限り認められる可能性があります。

2 譲受人の権利保護

現行法においては、譲渡禁止特約について、譲受人が善意（無重過失）である場合には、譲渡契約は有効であり、債務者は譲受人からの請求を拒めない、譲受人が悪意（重過失）である場合には、譲渡契約は無効であり、債務者は譲受人からの請求を拒むことができると解され、譲受人が譲渡禁止特約に係る債権の満足を得られるかどうかは、譲渡禁止特約についての主観的態様にかかっていました。

要綱においては、譲受人が譲渡制限特約について悪意・重過失であって、譲受人が、債務者に譲渡を対抗できない場合も、譲渡契約当事者間では譲渡が有効であるとされ、譲受人の主観的態様にかかわらず、債権の譲受人が最終的に債務の弁済を受けられる権利を有することとなっていますが、このような定めがあれば、譲受人が最終的に弁済を受けられるとは限りません。

例えば、譲渡制限特約について悪意または重過失のある譲受人は、債務者から請求を拒まれるため、債権の譲渡人が、債務者から受けた弁済額を引渡ししてもらうことになりますが、債務の履行が滞った場合において、譲渡人が必ずしも、譲受人のために債権の回収を行ってくれるインセンティブがあるとも限りませんし、また、譲渡人が、倒産した場合には、譲渡人が回収した資金が引き渡されない可能性もあります。

そこで、債務者が債務を履行せず、譲渡制限特約について悪意または重過失のある第三者が相当の期間を定めて譲渡人への履行の催告をし、その期間内に履行がないときは、債務者は、これらの第三者からの請求を拒め

ず、譲渡人への弁済等により債務の消滅を譲受人に対抗することができなくなることとされています（要綱第19の1(2)）。

さらに、譲渡人について破産手続開始決定がなされた場合には、譲渡制限特約について悪意または重過失のある第三者であっても、債務者に対して供託をすることを請求することができるとされています（要綱第19の1(3)イ）。債務者は、譲渡人について破産手続開始決定がなされたとしても、譲渡制限特約について悪意または重過失のある第三者が譲受人である場合には、譲渡人（破産管財人）に対して弁済すれば債務を消滅させることができますが、そのような弁済がなされると、その金銭の引渡請求権は財団債権として保護されるとしても、譲受人が全額の回収をすることができないおそれがあることから、破産手続外で債権全額の回収をすることが可能となる手続きを認めたものです。

もっとも、このような権利を行使することは、債務者その他の第三者に当該債権の全部について債権譲渡を対抗できる者に限られています。

3 債務者による供託

譲渡制限特約は、債務者にとって弁済先を固定するという効果を期待して契約に盛り込まれるところ、それに反して債権者が債権を譲渡した結果、債務者が二重弁済のリスクにさらされるということでは何のために譲渡制限特約を盛り込んだのかということになってしまいます。

そこで、要綱では、譲渡制限特約付の債権が譲渡された場合には、債務者は、譲受人に譲渡制限特約を対抗できるか否かにかかわらず、譲渡された金銭債権の金額相当分の額を供託することが認められるとされています（要綱第19の1(3)ア）。譲受人が譲渡制限特約について悪意・重過失があるかどうかについては、債務者にとって直ちに明らかになるというものでもなく（注4）、そのような判断にかかるリスクを債務者が回避することができるよう、弁済供託できる要件を拡張したものと解されます。

(注4) 現行法においては、譲受人の悪意・重過失の立証責任は、債務者が負うとするのが判例（大判明治38年2月28日民録11輯278頁）。要綱では、悪意・重過失の立証責任の転換については明示的に提案されておらず、現行法の規律を維持したものと解されます。

4 差押債権者との関係

現行法においては、譲渡禁止特約付債権に係る債権者に対して債権を有する者が、譲渡禁止特約について悪意・重過失があったとしても、当該特約対象債権に対して差押・強制執行をしてきた場合には、債務者は譲渡禁止特約をもって債務の履行を拒むことはできません。一方、譲渡禁止特約について悪意・重過失のある譲受人に対して債権を有する者から差押・強制執行された場合には、そもそも譲渡禁止特約の効力として譲受人は債権を取得していないことから、債務の履行を拒むことができると考えられます。

要綱においては、この結論が維持される内容となっています。

まず、譲渡制限特約の効力は、強制執行をした（注5）差押債権者に及ばないものとされています（要綱第19の1(4)ア）。すなわち、譲渡制限特約付き債権に係る債権者の債権者、あるいは譲渡制限特約付債権の譲受人の債権者が、当該債権について強制執行してきた場合には、債務者は譲渡制限特約について譲受人に悪意または重過失があることをもって、債務の履行を拒み、譲渡人への弁済等債務を消滅させることをもって対抗することはできないこととされています。

ただし、譲渡制限特約付債権の譲受人が、譲渡制限特約について悪意・重過失がある場合には、その譲受人の債権者による差押え、強制執行がなされても、債務者は、債務の履行を拒み、譲渡人への弁済等債務を消滅させることをもって対抗することができるとされています（要綱第19の1(4)イ）。譲受人が債務者に譲渡制限特約の効力を対抗できない以上、弁済

先の固定という債務者の利益を犠牲にしてまで、その譲受人の債権者の利益を保護する必要はないと整理されたものと解されます。

(注5)「私人間の合意により差押禁止財産を作出することを認めるべきではないことから、譲渡禁止特約付債権についても転付命令によって債権が移転する(最判昭和45年4月10日民集24巻4号240頁)」を明文によって規定するもの。担保権実行による差押は、含まれない。(民法(債権関係)部会資料74A、5頁。)

●実務に影響があるポイント●

- 譲渡制限特約があるにもかかわらず、債権譲渡は、譲渡当事者間において有効である。譲受人の悪意・重過失の立証ができず、また、債権譲渡の有効性が確認できないため、譲受人に対して弁済することにより二重弁済その他のリスクがある場合には、債務者は、供託を検討する必要があります。
- 譲渡制限特約があるにもかかわらず、債権を譲渡した場合には、当該譲渡は、契約違反と評価され、譲渡人は、債務者から契約解除、損害賠償請求される可能性があります。
- 譲受人は、譲渡人との関係では、譲渡禁止特約について悪意であっても譲渡契約は有効となり直接債務者から弁済を受けなくても、譲渡人を通じて譲渡債権の満足を受けることは可能となります。ただし、譲渡人の信用力が低下した場合等には、譲渡人を通じた譲渡債権の回収を得ることができなくなる可能性があり、これらのリスク回避には、第三者対抗要件を具備する必要があります。

第13節　債権譲渡

Q39
譲渡制限特約付き債権を債権者が債務者の承諾なく譲渡した後に別の第三者から当該債権の差し押さえを受けました。債務者として、留意するべき点を教えて下さい。

A
譲受人が譲渡制限特約について悪意・重過失であっても債権譲渡の効力は生じ、最初の譲渡が第三者対抗要件を具備していれば、その後に債権者（譲渡人）の債権者が行った差押えに対抗することができることになります。債務者は、譲渡と差押えの対抗要件の具備のいずれが早いかを確認の上、弁済を行う必要があります。

1　譲渡制限特約の効力

　現行法においては、譲渡禁止特約が付されている債権を債務者の承諾なく譲渡した場合には当該譲渡は無効であり、一方、差押えについては、譲渡禁止特約があっても有効になし得るため、債務者は差押債権者に弁済する必要があります。
　この点に関して、要綱においては、譲受人が譲渡制限特約について悪

【図表39-1】　譲渡制限特約付債権の二重譲渡

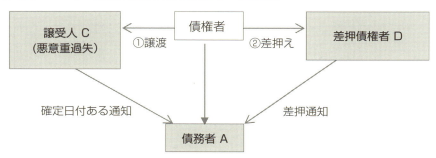

意・重過失があっても、かつ、債務者の承諾なく譲渡がなされても有効となります。また、差押えについては、譲渡制限特約があっても有効になし得ることに変わりはないため、最初の譲渡と次になされた差押えは、典型的な二重譲渡の関係にあることから、いずれが早く第三者対抗要件を具備したかで債務者の弁済先が決定します。
(【図表39-1】の差押債権者が、譲渡制限特約について善意・無重過失の譲受人に置き換わっても、第三者対抗要件の具備の前後で帰属が定まるのは同じです。)

2 第三者対抗要件

要綱においては、債権譲渡に係る第三者対抗要件具備の方法について、改正提案がなされておらず、現行法と同様、確定日付ある証書による債務者への通知・債務者からの承諾、あるいは動産および債権の譲渡の対抗要件に関する民法の特例等に関する法律による債権譲渡ファイルへの譲渡の登記とによることになります。差押えの対抗要件具備日は、差押通知が送達された日なので、上記の債権譲渡の対抗要件具備日と差押通知が送達された日付のいずれか早いかということになります。

3 対抗要件具備時までに生じた事由の対抗

差押債権者の第三者対抗要件具備が早い場合、債務者は、弁済を拒絶し、かつ譲渡人への弁済をもって債務を消滅させることはできません。ただし、債務者に差押通知が到達するまでに生じた譲渡人に対して生じた事由をもって差押債権者に対抗することができます。また、差押通知が到達する前に取得した譲渡人に対する債権、差押通知が到達時後に取得することになるものの、差押通知到達前の原因に基づき生じた債権、当該被差押債権を生ずる原因である契約に基づいて生じた債権によって、被差押債権と相殺することができる（相殺できる債権の範囲については、Q43を参照）

ので、被差押債権者への弁済に応じる前に反対債権がないか確認することが必要です。

最初の譲渡に係る第三者対抗要件の具備が早かった場合には、譲受人に悪意・重過失がある場合には、債務の弁済を拒絶し、譲渡人に債務の弁済を続けることができますが、譲受人が、善意・無重過失もしくは譲受人に悪意・重過失があることかどうか不明な場合には、支払に応じるという選択肢のほか、供託をすることもできます（要綱第19の1(3)ア）。

この際、債務者への通知、債務者の承諾までに生じた譲渡人に対して生じた事由をもって譲受人に対抗することができ、また、債務者に対する債権をもって相殺できることは、相殺できる債権の範囲も含めて差押債権者への弁済に応じる場合と同じなので、譲受人への弁済や供託前に反対債権がないか確認することが必要です。

●実務に影響があるポイント●

- 譲渡制限特約が付されている債権について、二重譲渡が為された場合には、第三者対抗要件の具備の前後で債権の帰属が定まり、譲渡制限特約に係る主観的態様（善意、悪意等）および債務者の承諾の有無は、影響しません。
- 差押債権者あるいは債権譲受人への支払あるいは供託前には、譲渡人に対する反対債権の有無も含めて、抗弁の有無を確認する必要があります。

Q40 預貯金債権の特則について教えて下さい。

A 預貯金債権について譲渡制限特約がある場合には、当該特約について悪意・重過失のある譲受人その他の第三者への譲渡等は無効とされています。

1 預金債権および貯金債権の特則

　譲渡制限特約の対象となる債権が、預金口座または貯金口座に係る預金または貯金に係る債権（以下「預貯金債権」という）である場合には、現行法と同様に、譲渡制限特約は、当該特約について悪意・重過失のある譲受人その他の第三者に対しては対抗できる、すなわち、その譲渡等について無効とする特則が提案されています（要綱第19の1(5)）。大量かつスピーディな処理が求められる預貯金債権の特殊性が考慮されたものです（注1）。

　もっとも、悪意・重過失のある譲受人その他の第三者に対しては対抗できるということを言い換えると、善意・無重過失の譲受人に対しては、その特約を対抗できないということになっています。この点は、譲渡禁止特約について善意の譲受人に対抗できないとする現行法において、譲渡禁止特約は、銀行取引の経験のある者にとって周知の事柄であるとする最高裁の判断（注2）をもとに、譲渡の通知を受けても無効の取扱いをしていることからすると、改正後においても預貯金債権が譲渡された旨通知された場合には、まずは譲渡の効力が生じていないことを主張することになるものと思われます。

（注1）民法（債権関係）部会資料81-3、2～4頁
（注2）最判昭和48年7月19日民集第27巻7号823頁

2 強制執行をした差押債権者への対応

　この特則は、譲渡制限特約が付された預貯金債権に強制執行をした差押債権者には適用しないと明示されています。現行法の債権譲渡禁止特約について、差押債権者に対抗することはできないとする判例法理が認められているところですが、預貯金債権の譲渡制限特約に反する譲渡を無効であるとする特則を規定していることから、そうであっても強制執行による差押債権者には対抗できないことが明示されたものと考えます。

　なお、要綱においては、預貯金債権以外の債権のように譲渡制限特約のある債権の譲受人に悪意・重過失がある場合にその債権者が強制執行による差押えをした場合の提案はありませんが、預貯金債権については、譲渡

【図表40-1】　預金者の債権者による差押え

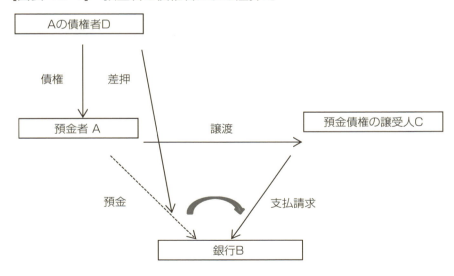

Aの債権者Dによる差押にはBは、対抗できない。
預金債権の譲受人Cには、常に対抗できる。
CとDは、対抗関係にない。

【図表40-2】 預金債権の譲受人の債権者からの差押え

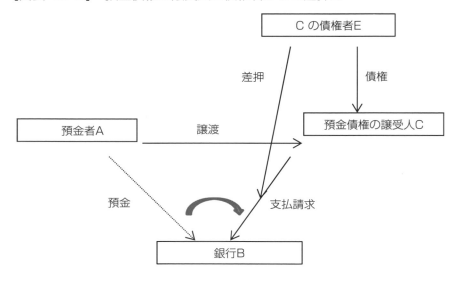

AからCへの債権譲渡は無効。
Bは、Cの債権者Eからの差押えに対しては、AC間の譲渡無効をもって対抗できる。

制限特約について悪意・重過失のある譲受人に対する譲渡は無効となることから、その譲受人の債権者は、当該預貯金債権について強制執行による差押えをすることはできないものと思われます。

●実務に影響があるポイント●

現行の預貯金の取扱いを維持するために認められた特則であり、銀行実務等への影響はない。

Q41 将来債権を譲渡する場合の留意点を教えて下さい。

A 将来債権の譲渡が有効であり、その対抗要件は債権譲渡と同じであること等、判例法理を明文化する提案がなされています。ただし、将来発生する賃料債権を譲渡した場合において、不動産の所有者の変更があった場合の取扱い等、解釈に委ねられた部分については、引き続き留意する必要があります。

1 将来債権の譲渡性

現行法においては、将来債権の譲渡についての規定はなく、判例法理に依拠して実務がなされています。

要綱においては、判例法理を明文化する方向で提案がされています。すなわち、将来債権が譲渡可能であることを示すために、「債権の譲渡は、その意思表示の時に債権が現に発生していることを要しない」という規律を設けることを、また、将来債権譲渡の効果を明らかにするために、「債権が譲渡された場合において、その意思表示の時に債権が現に発生していないときは、譲受人は、発生した債権を当然に取得する。」との規律を設けることが提案されています（要綱第19の2(1)）。

また、将来債権の譲渡の対抗要件は、債権譲渡と同様、譲渡人から債務者への通知、または債務者の承諾であることを明確にする趣旨も提案がなされています（要綱第19の3(1)）。

これらの規定が設けられること自体は、特段実務上の影響を与えないものと思われます。

ただし、債権譲渡と同様に、「将来債権」として譲渡する目的債権を特定し、対抗要件を備えること、債権不発生のリスクを織り込み契約条件を

合意すること、契約締結時における譲渡人の資産状況、契約内容、契約が締結された経緯等によっては、公序良俗に反するなどとして、その効力の全部または一部が否定される懸念があることを踏まえて取引を行うことが必要です（注1）。

(注1) 最判平成11年1月29日民集53巻1号151頁

2 将来債権の譲渡後に付された譲渡制限の意思表示の対抗

要綱では、将来債権を譲渡している場合において将来債権譲渡の対抗要件（**1**参照）具備時までに譲渡制限の意思表示がされたときは、譲受人その他の第三者がそのことを知っていたものとみなし、譲渡制限特約の効力を譲受人その他第三者に対抗できることを定める規定の新設が提案されています（要綱第19の2(2)）。

将来債権の譲渡後、具体的に発生する債権を譲受人が取得するまでに譲渡制限特約を付した場合に、当該特約の効力を譲受人等第三者に対抗できるかどうか解釈に争いがあったためです。

なお、要綱では明記されていませんが、将来債権譲渡の対抗要件具備後に、譲渡制限特約が付されたとしても、譲受人その他の第三者に対抗できないことは、当然の前提とされています（注2）。

(注2) 民法（債権関係）部会資料84-3、6頁参照

3 将来債権の譲渡後に当該債権発生の基礎となる契約上の地位の移転がなされた場合の取扱い

中間試案で提案されていた、将来債権を譲渡した後に、具体的に発生する債権を譲受人が取得するまでに、将来債権譲渡の譲渡人以外の第三者が当事者となった場合の取扱いについての規律を設けることは見送られています。不動産から将来発生する賃料債権の譲渡後に不動産の所有者が変わった場合の取扱いも含めて、解釈に委ねることとされています。

●実務に影響があるポイント●

- 「将来債権」の譲渡合意の有効性、対抗要件等について明文化することが提案されているが、将来債権として譲渡可能な範囲については、提案されておらず、従来の判例法理に従い実施する必要があります。
- 将来債権譲渡の対抗要件具備時以前に、譲渡制限特約を締結しないと譲渡制限特約を譲受人に対抗できないことが明示されています。
- 将来債権の譲渡後に当該債権発生の基礎となる契約上の地位の移転がなされた場合の取扱いは、規定されず解釈に委ねられています。

Q42 債権を譲り受けする際の債務者から承諾を受ける際の留意点を教えて下さい。

A 単に「債権の譲渡を承諾します」とする承諾書を徴求した場合には、債務者が譲渡人に対して有している解除権、反対債権による相殺等の抗弁を切断することができなくなります。

1 異議をとどめない承諾による抗弁の切断に関する規定の削除

現行法において債務者による承諾の効果について、「債務者が異議をとどめないで前条の承諾をしたときは、譲渡人に対抗することができた事由があっても、これをもって譲受人に対抗することができない。」と定められています。債務者が有する抗弁を放棄する旨を明示的に表示しなくても、債務者が異議をとどめない承諾をすれば、債務者が譲渡人に対抗することができた事由をもって譲受人に対抗できないものとされていましたが、要綱では、この規定を削除することが提案されています（要綱第19の4(1)ア）。

そのうえで、債務者による承諾の効力を、債権者からの通知の効力と同様に、「債権譲渡の承諾をしたときには、その承諾をした時までに譲渡人に対して生じた事由をもって譲受人に対抗することができる。」と改める提案をしています（要綱第19の4(1)イ）。

「譲渡人に対して生じた事由」としては、債務不成立、無効、取消、同時履行の抗弁権、期限の猶予、契約解除による債権の消滅、弁済・相殺・更改・免除による債権の消滅等が考えられます。譲渡人に対して有していた反対債権をもって譲受人に対して相殺することもここに含まれると考えます。（相殺できる反対債権の範囲に関しては、Q43を参照）。

2 債務者の抗弁の切断

　債権を譲り受けする立場からすると、このような抗弁が付着した債権を譲り受けることは、回収できないリスクを伴うことから、従来の「異議なく承諾」を得た場合と同様の効果を有する債務者から包括的な抗弁の放棄の意思表示を受ける必要があります。ただし、債務者が有する個々の抗弁を列挙することなく、「包括的な抗弁の放棄」の意思表示でもって足りるかどうかは、要綱では明らかにされず解釈に委ねられています。

　異議をとどめない承諾の制度の廃止理由が、「単に債権が譲渡されたことを認識した旨を債務者が通知しただけで抗弁の喪失という債務者にとって予期しない効果が生ずることが、債務者の保護の観点から妥当でないという考慮に基づくもの（注）」ということや、債務者が有する抗弁を債権の譲受人等が把握することが困難であることを考慮すると、「当該債権に係る一切の抗弁を放棄します」という意思表示も許容されてもよいと考えます。

（注）中間試案（概要付き）93頁

●実務に影響があるポイント●

- 「異議を留めない承諾」の制度が廃止され、債務者から抗弁権放棄の意思表示を得ない限り、譲渡人に対抗しうる事由をもって譲受人は対抗されることになります。
- 包括的な抗弁権放棄の意思表示の可否、その際に必要な意思表示の内容については今後の検討を要します。

Q43 債権譲渡の通知を譲渡人から受けた後に取得した譲渡人に対する債権と当該譲渡債権とを相殺することはできますか？

A 譲渡債権に係る抗弁は、債権譲渡の対抗要件具備時より前に生じた事由によることが原則であり、相殺も基本的に同様ですが、例えば、対抗要件具備時より前の原因に発生した債権は、対抗要件具備時後に具体的に発生したとしても、これをもって相殺することは可能です。ただし、対抗要件具備時後に他人から取得した債権をもっては相殺することができません。

債権譲渡と相殺

現行法において、債権が譲渡された場合において、譲渡人からの通知、債務者が異議をとどめた承諾をした場合において、債務者が譲受人に相殺をもって対抗できる債権の範囲について、明文の規定はありませんが、判例（注1）では、差押えと相殺に関する無制限説と同様、譲渡通知が到達した時あるいは債務者が異議をとどめた承諾をした時までに取得した債権であれば自働債権と受働債権の弁済の前後を問わず相殺することができるとされています。

要綱では、債権譲渡について、譲渡人からの通知がなされまたは、債務者が承諾した場合において、債務者が譲受人に相殺をもって対抗できる債権の範囲を拡張する方向で、以下の提案がされています（要綱第19の4(2)）。

① 債務者が、譲渡人から債権を譲渡した旨の通知を受けた時または債務者が債権譲渡を承諾した時（以下、これらを「対抗要件具備時という」より前に取得した譲渡人に対する債権

② 債務者が対抗要件具備時より後に取得した譲渡人に対する債権で以下のもの。ただし、対抗要件具備時より後に他人から取得した債権は除かれます。
　ア．対抗要件具備時より前の原因に基づいて生じた債権
　イ．ア．に掲げるもののほか、譲受人の取得する債権の発生原因である契約に基づいて生じた債権

①は、現行法における判例法理で認められている範囲と同じです。

②は、債務者が対抗要件具備後に取得した譲渡人に対する債権であっても譲受人に対して相殺をもって対抗できることを規定することを提案しています。

このうち②ア．は、具体的な債権の取得時点は、対抗要件具備時後であるものの、債権の発生原因が対抗要件具備時前に生じているものということであり、例えば、譲渡人の対抗要件具備時前の不法行為により対抗要件具備時後に損害が発生することにより取得する譲渡人に対する損害賠償請求権や、対抗要件具備時前の保証契約に基づき、対抗要件具備時後に保証債務を履行することにより譲渡人に対する求償債権が、これに該当します（注2）。

また、②イ．は、②ア．に掲げるほか、譲受人の取得する債権の発生原因である契約に基づいて生じた債権ということです。②イ．を加えることで、②ア．で認められる債権以外の債権の例としては、譲渡された将来の売買代金債権に対し、当該売買代金債権を発生させる売買契約の目的物の瑕疵を理由とする買主の損害賠償債権が、挙げられます（注3）。これ以外に、「譲受人の取得する債権の発生原因である契約に基づいて生じた債権」に含まれる債権にどのような債権が含まれるか、例えば、不動産賃貸借契約における賃借人が賃料債権の譲渡の通知を受けた後に必要費や有益費を弁済した場合に取得する償還請求権がこれに含まれるかどうかは、必ずしも明確になっておらず、留意が必要です。

なお、②ア．イ．とも債務者が対抗要件具備時後に取得した譲渡人に対する債権には、他人から取得した債権は含まれないことに留意する必要があります。

(注1) 最判昭50.12.8民集29巻11号1864頁

(注2) 破産手続開始の決定前に発生原因が存在する債権であれば、これを自働債権とする相殺をすることができるとする判例（最判平成24年5月28日判時2156号46頁）を踏まえ、差押時に具体的に発生していない債権を自働債権とする相殺についても相殺の期待を保護するとする提案（要綱第24の3(2)）と同内容の規律とするもの。

(注3) 中間試案補足説明255頁

●実務に影響があるポイント●
- 譲渡債権に対して、債務者が反対債権として相殺できる範囲が、明示的に拡張されています。
- 債務者が対抗要件具備時より後に取得した譲渡人に対する債権で、譲受人に対して相殺を対抗できるものの範囲については、明確でなく、解釈に委ねられているので留意が必要です。

第14節 債務引受

Q44 併存的債務引受に関する規律は金融実務にどのような影響を与えますか？

A 併存的債務引受に関する要件等について基本的には現行法における理解にそって明文化されました。これにより、併存的債務引受を用いた取引の法的安定性が増すと考えられます。

1 併存的債務引受に関する現行法における理解

(1) 債務引受とは、債務を同一性を維持したまま、従来の債務者から債務引受人に移転することをいいます。民法には規定はありませんが、解釈上認められています。

　従来の判例は、債務引受を併存的（重畳的）債務引受と免責的債務引受に分けて整理していて、併存的債務引受とは、従来の債務者の債務を免脱させずに、引受人がこれと同一内容の債務を負担することを意味します。免責的債務引受についてはQ45を参照して下さい。

(2) 併存的債務引受に関する現行法の理解は以下の通りです。

① 引受人は従前の債務者との間で連帯債務者になります（大判昭和11年4月15日民集15巻781頁、最判昭和41年12月20日民集20巻10号2139頁）。ただし、連帯債務とすると絶対的効力事由が広く認められ債権者に不測の損害を及ぼすおそれがあることから、両者間には主観的共同関係はなく不真正連帯債務と考える見解も有力です。

② 債権者と引受人との間の合意で債務者の意思に反しても可能と解されています（大判大正15年3月25日民集5巻219頁）。従来の債務

者も債務を負担し続けるため債権者に不利益生じないによります。

2 要綱での規定内容

(1) 引受人は債務者と連帯して債務者の債務と同一の内容の債務を負担します。判例の見解を明文化したことになります。

(2) 必ずしも三者間の合意によらず、(債務者の意思に反するか否かにかかわらず)引受人と債権者の合意をもって行うことができます。これも判例を明文化したものです。

(3) 引受人と債務者の合意によっても行うこともできますが、この場合は債権者が引受人に対して承諾の意思表示をした時に効力を生じます。この場合は第三者のためにする契約の規律（要綱第29参照）に従うことになります。この点は、現行法において必ずしも一般的な理解があったわけではありませんが、民法第537条を参照して規律を定めたものです。

〈併存的債務引受のパターン〉

	要件	効力発生時
パターン1	引受人・債権者・債務者の合意	合意時
パターン2	引受人・債権者の合意	合意時
パターン3	引受人・債務者の合意	債権者の承諾時

(4) 引受人は併存的債務引受により負担する自己の債務について、その効力を生じた時に債務者が有する抗弁をもって債権者に対抗できます。上記(1)のとおり債務者の債務と同一の内容の債務を負担することから、異論のない内容と思われます。

(5) 債務者が債権者に対して取消権または解除権を有するときは、引受

人は、これらの権利の行使によって債務者が債務の履行を免れる限度で、債務の履行を拒むことができます。債務を引き受けただけでは契約上の当事者の地位を承継したわけではないので取消権等を行使することはできません。しかし、債務者によって取消権等が行使された場合引受人の債務も消滅するにもかかわらずそれまでの間履行を拒絶できないのは不当であるためかかる規定を設けたものです。

●実務に影響があるポイント●

(1) 全体的には現行法の理解を明文化したものであり、実務への影響はそれほど大きくないものと思います。
(2) 併存的債務引受を行った場合、連帯債務となる点は現行法と変わりませんが、要綱では連帯債務について相対効が原則とされていて（例えば、現行法では時効の完成は絶対効を有しますが、要綱では相対効とされています）この点が変わっている点に留意する必要があります。なお、連帯債務に関する詳細についてはQ30、31を参照して下さい。
(3) 要綱において明文の定めはありませんが、保証における保証人保護の規定を回避するために併存的債務引受を利用したと解された場合、保証人保護に関する規定が類推適用されるおそれがある点に留意する必要があります（注）。
(注) 民法（債権関係）部会資料67Aの64-65頁。なお、中間試案第20の1（注）では併存的債務引受のうち保証を主たる目的とするものについて保証人保護に関する規律を準用する考え方が取り上げられていました。この考え方は要綱では採用されていませんが、併存的債務引受に対して保証人保護の規律を及ぼさないとしたのではなく、（明文を設けなくとも）柔軟な契約の解釈等を通じて適切な結論を得ることができるとしている点に留意する必要があります。

Q45 免責的債務引受に関する規律は金融実務にどのような影響を及ぼしますか？

A 免責的債務引受に関する要件等について明文化されたことにより免責的債務引受を用いた取引の法的安定性が増すと考えられます。特に、債務者の意思に反する場合であっても、当該債務者に通知を行えば免責的債務引受を有効に行えるとされたことは、相続発生時の債務承継等における障害を一定程度解消したものと思われます。

1 免責的債務引受に関する現行法における理解

(1) 債務引受とは、債務を同一性を維持したまま従来の債務者から債務引受人に移転することをいいます。民法には規定はありませんが、解釈上認められています。

従来の判例は、債務引受を併存的（重畳的）債務引受と免責的債務引受に分けて整理していて、免責的債務引受とは、従来の債務者を免責させ、引受人のみが債務者となることを意味します。併存的債務引受についてはQ44を参照して下さい。

(2) 免責的債務引受に関する現行法の理解は以下の通りです。

① 債権者、債務者および引受人の三当事者間の契約で行うことができます。

② 債権者と引受人の契約で行うこともできます。ただし、債務を免れるということも債務者に影響を及ぼすものであり、利害関係のない第三者の弁済（民法474②）や債務者の交替による更改（民法514ただし書）と同様に、債務者の意思に反して行うことはできません。

③ 債務者と引受人の合意で行うこともできますが、債権者に大きな影響を与えることから、債権者の承諾を停止条件とします。

④　免責的債務引受により、債務は同一性を失わずに移転し、旧債務者の有した抗弁権はすべて移転します。ただし、債務者の変更は債権の経済的価値を変更することから、保証債務および第三者の提供した物上保証は原則として保証人または物上保証人の同意を得なければ移転しません（大判大正11年3月1日民集1巻80頁、最判昭和37年7月20日民集16巻1605頁など）。

2　要綱での規定内容

(1)　引受人は債務者が債権者に対して負担する債務と同一の内容の債務を負担し、債務者は自己の債務を免れます。一般的な理解を明文化したものです。

(2)　引受人と債権者の合意をもって行うことができますが、債権者が債務者に対して免責的債務引受に係る契約が成立した旨の通知することによって効力を生じます。上記の通り判例は債務者の意思に反する免責的債務引受を認めていませんが、債務者の意思が知りえない場合に免責的債務引受を行うことができず取引の障害となっている等の批判があります。一方で、債務者が自らの関与しないところで契約関係から離脱するのは不当であるとの見解もあります。そこで、要綱は債務者への通知を効力発生要件とすることでこれらの問題を解決しようとしたものと考えられます（注1）。

(3)　引受人と債務者の合意をもって行うことができますが、債権者が引受人に対して承諾したことをもって効力を生じます。債権者の関与なく債務者の交替を認めると債権者の利益を害するため債権者の承諾を必要とする一般的な理解を明文化したものです。なお、現行法では債権者の承諾があった時は引受人と債務者の合意時に遡及して効力を生じるという見解も有力でした（民法116類推適用）。しかし、効力を遡及させる必要性に乏しいことから、要綱では承諾があった時点で（遡及することなく）効力を生じるものとしました（注2）。

〈免責的債務引受のパターン〉

	要件	効力発生時
パターン1	引受人・債権者・債務者の合意	合意時
パターン2	①引受人・債権者の合意＋②債権者から債務者への免責的債務引受契約成立の通知	債権者による通知時
パターン3	①引受人・債務者の合意＋②債権者の承諾	債権者の承諾時

(4) 免責的債務引受の場合、引受人は債務者に対して求償することはできません。免責的債務引受における引受人が債務者に求償できるかについてはこれを否定する判例はありますが（大判昭和15年11月9日法学10巻415頁）、元々他人の債務であったものを自己の負担で消滅させるものであり事務管理等により求償できるとする見解もありました。要綱では、免責的債務引受は、引受人が他人の債務を自己の債務として引き受けた上でそれを履行することが予定されるものであり、求償関係を発生させる基礎を欠くものとして求償できないことを明確にしています。なお、債務者と引受人との間で求償に関する合意をするのは自由ですし、また併存的債務引受をした後に債権者が債務者に対して免除する方法等をとれば求償は可能になります（注3）。

(5) 引受人は免責的債務引受により負担する自己の債務について、その効力を生じた時に債務者が有する抗弁をもって債権者に対抗できます。上記(1)のとおり債務者の債務と同一の内容の債務を負担することから、異論のない内容と思われます。

(6) 債務者が債権者に対して取消権または解除権を有するときは、引受人は、これらの権利の行使によって債務者が債務の履行を免れる限度で、債務の履行を拒むことができます。債務を引き受けただけでは契約上の当事者の地位を承継したわけではないので取消権等を行使することはできま

せん。しかし、債務者によって取消権等が行使された場合引受人の債務も消滅するにもかかわらずそれまでの間履行を拒絶できないのは不当であるためかかる規定を設けたものです。

(7) 免責的債務引受により消滅する債務を担保する担保権および保証がある場合には、債権者は、引受人が負担する債務を担保するものとして移転することができます。かかる担保等の移転は、あらかじめまたは免責的債務引受と同時に引受人に対して意思表示する必要があります。なお、引受人以外の者が担保権設定者である場合は、当該担保権設定者の承諾を得る必要があります。

債務者が負担する債務のために設定されていた担保権または保証について、債務者が交替することによって担保設定や保証の前提が変わることになるため、免責的債務引受によって保証債務および債務者以外の第三者が設定した担保権については消滅すると解されています（保証債務について大判大正11年3月1日民集1巻80頁、第三者が設定した担保権について最判昭和46年3月18日判時623号71頁）。一方で、債務者が設定した担保の帰趨については解釈が明確ではありませんでした。要綱は、判例を前提としながら、債務者が担保の移転に関与できるよう担保権設定者が債務者である場合に債務者の承諾が必要であることを明確にしています。なお、債務者が免責的債務引受の当事者である場合も、免責的債務引受の合意とは別に担保移転の承諾の意思表示が必要となります。

債権者の単独の意思表示をもって免責的債務引受において担保権または保証を移転できること（後順位担保権者がいてもその承諾を得ずに順位を維持したまま移転できること）を明確にしました。なお、担保権または保証の移転について不確定な状態が存続するのを回避するためあらかじめまたは同時の意思表示が求められています（注4）。

(8) 上記(7)における保証人の承諾は、書面または電磁的記録によらなければ効力を生じません。民法第446条第2項および第3項との整合性を

とって保証人の保護を図ったものです。

(注1) 民法（債権関係）部会資料67A、36－37頁

(注2) 民法（債権関係）部会資料67A、37頁

(注3) 民法（債権関係）部会資料67A、38－39頁

(注4) 民法（債権関係）部会資料67A、40－42頁

●実務に影響があるポイント●

(1) 債務者に相続が発生し、一部の相続人の承諾なく残りの相続人が免責的債務引受を行う場合、債権者から債務者へ免責的債務引受契約が成立した旨の通知を行えば足ります（さかのぼって無効を主張されるリスクはありません）。ただし、一部の相続人が行方不明のような場合、公示の方法を利用しない限り通知を行えないとなると（注5）、免責的債務引受は利用しづらくなる可能性もあります（注6）。

(2) 免責的債務引受を利用し、かつ引受人が債務者に対して求償権を取得するようにした場合、債務引受契約において求償関係に関する合意を別途行うか、併存的債務引受を行い債権者が債務者の債務を免除する等の要綱とは別の構成をとる必要があります。

(3) 免責的債務引受による担保権（債務者が設定したもの）の移転の意思表示について、免責的債務引受時以前に行うことが求められていて、当該意思表示を懈怠しないよう管理が必要となります（懈怠した場合、改めて債務者の承諾を得る必要が生じます）。また、債務者が免責的債務引受契約の当事者であっても、かかる合意とは別に当該意思表示が必要となります。

(注5) 観念の通知にも公示による意思表示の規定（民法98）が類推適用されると解されています（園部厚著「書式　意思表示の公示送達・公示催告・証拠保全の実務（第四版）」民事法研究会、2008年、6－7頁）。また、債権譲渡通知について民法第98条を準用または類推適用するとした裁判例もあります（東京地判平成16年8月24日金法1734号69頁）。

(注6) 民法（債権関係）第77回会議議事録47頁（中原委員発言）。これに対して、高須幹事発言では到達擬制（筆者注：要綱第3の4(2)を想定しているものと思われます。）により解決されるとしていますが、行方不明のような場合に常に到達擬制により解決できるのか必ずしも明らかではないように思われます。

第15節 弁済

Q46 第三者弁済（特に債務者が行方不明等のためその意思が確認できない場合）の規律はどのように変わりますか？

A 要綱においても、弁済をする正当な利益を有しない第三者は債務者の意思に反して弁済することはできません。しかし、事後的に第三者弁済が債務者の意思に反することが発覚したような場合であっても、債権者が第三者弁済時に債務者の意思に反することを知らなかった場合は有効な弁済となることが明確になりました。

1 現行法の定めと実務上の問題点

(1) 現行法の定め

　現行法では、利害関係のある第三者は債務の弁済を行うことはできますが、債務者の性質が許さない場合または当事者が反対の意思表示をした場合はできません（民法474①）。また、利害関係のない第三者は、債務者の意思に反して弁済を行うことはできません（同474②）。利害関係のない第三者からの弁済に関して制限が設けられている趣旨としては、他人の弁済によって恩義を受けることを欲しない債務者の意思を尊重すること、弁済をした第三者による過酷な求償権の行使から債務者を保護すること等が挙げられます。このような趣旨に疑問を呈する見解はありますが、債務者は自らが関与しないまま実質的に債権者が交替する事態が生ずることを望まないため、現在も合理性を有するという見解も少なくないところです

（注1）。

　ここでいう「利害関係」とは、法律上の利害関係と解されていて（最判昭和39年4月21日民集18巻4号565頁）、「利害関係」を有する者の例としては物上保証人、担保不動産の第三取得者、同一不動産の後順位抵当権者、借地上の建物の賃借人（最判昭和63年7月1日判時1287号63頁）等が挙げられます。これに対して、第三者が債務者の親族にすぎないような場合は、事実上の利害関係を有するにすぎないため、債務者の意思に反して第三者弁済を行うことはできません（大判昭和14年10月13日民集18巻1165頁）。

　利害関係のない第三者が債務者の意思に反して弁済を行った場合、当該弁済は無効となります。この債務者の意思は債権者または第三者にあらかじめ表示されている必要はありませんし（大判大6年10月18日民録23輯1662頁）、弁済する第三者が知らなくても無効となります。なお、第三者弁済が債務者の意思に反することの挙証責任は債務者にあります（大判大9年1月26日民録26輯19頁）（注2）。

(2)　実務上の問題点

　現行法における実務上の問題点としては、例えば住宅ローンの債務者が行方不明となった場合または債務者が意思能力を失った場合等に、債務者と同居している親族などの事実上の利害関係しか有しない者から延滞を回避するために弁済を求められることがあり（当該住宅に居住しているという意味では事実上の利害関係は強いともいえます）、かかる第三者弁済が有効かというものがあります（注3）。債務者の親族による第三者弁済が債務者の意思に反する場合がどれほどあるのかという感じもしますが、弁済を受ける金融機関としては親族間等の争いは知り得ず債務者の意思を確認できないので、事後的に無効となり弁済金を不当利得として返還する必要が生じるリスク（また、その時点では担保権は解除されているものと思います）があることを前提とせざるを得ません。このような場合、実務上、

親族に併存的債務引受をしてもらったうえで（第三者弁済ではなく）債務者の弁済として受けるという対応も考えられますが、一括返済でない場合には債権管理（時効等）で手間が増える、主債務の担保権の被担保債務に第三者の引受債務を含める必要が生じる、第三者が主債務者に求償した場合にトラブルが生じかねない等の問題が残ります。

また、住宅ローンの保証会社の求償権に対する保証人が法律上の利害関係を有するかが問題となる場合があります。当該保証人は、主債務が延滞し保証会社が保証債務を履行した後に保証債務履行請求を受ける点で法律上の利害関係があるようにも思われます。しかし、主債務が延滞した場合に直ちに保証債務履行請求がなされるわけではなく（まず、保証会社に対する保証債務履行請求がなされます）、間接的な利害関係しかないように思われ民法第474条における「利害関係」があるといえるか問題となりえます。実務上は、裁判例がないことから、事後的に無効となるリスクを払拭できないものと思われます。

(注1) 民法（債権関係）部会資料70A、23頁
(注2) 磯村哲編「注釈民法(12)債権(3)」（有斐閣、1970年）63-64頁
(注3) 債務者が行方不明の場合には不在者財産管理人の選任（民法25）、債務者が意思能力を失った場合には成年後見人の選任（民法7）という手段はありますが、手間とコストの問題がありますし、後者の場合には申立人である親族に協力頂けない場合があります。

2 要綱による変更点

要綱では、民法第474条第2項の規律について、次のとおり改められることになりました。すなわち、①弁済をする正当な利益を有する者ではない第三者は債務者の意思に反して弁済することはできませんが、債権者が債務者の意思に反することを知らなかった場合は有効に弁済できます。また、②①において第三者が有効に弁済できるときも、第三者が債務者の委

託を受けていることを債務者が知っている場合を除き、債務者の意思に反して弁済することはできません（要綱第23の3）。

「利害関係」のある者が「正当な利益を有する者」に変更されています。これは現行法において第三者が弁済について「正当な利益を有する者」に該当する場合、法定代位できるものとされているところ（民法500）、「利害関係」と「正当な利益」の関係が不明確であるため文言を一致させルールの明確化を図ったものです。これにより、これまで「正当な利益を有する者」には該当するが「利害関係」を有する第三者には該当しないとされてきた保証人や連帯債務者等の取扱いが問題になりますが、これらの者は自己の債務を履行しているのですから（第三者として債務を履行しているのではありません）、第三者の弁済に関する規律（民法474②）の適用を受けない点では変わりありません（注4）。

一方、正当な利益を有しない第三者が債務者に意思に反して弁済できない点は変わりませんが、債権者が債務者の意思に反することを知らなかった場合は有効に弁済できることとしています。また、第三者の弁済が債務者の意思に反するか否か債権者が確認できない場合には債権者は履行を拒絶することができること（拒絶しても受領遅滞とならないこと）を明確にしています。

（注4）民法（債権関係）部会資料70A、23頁

●実務に影響があるポイント●

1. 上記の債務者が行方不明等となっている例を考えると、要綱では、親族による弁済が債務者の意思に反することを債権者が知らなかった場合は（実際には債務者の意思に反していたとしても）弁済は有効としていて、事後的に無効となるリスクは一定程度軽減されているものと思われます。なお、債権者（金融機関）が債務者に意思に反することを知らなかったことの立証責任の所在が問題となりえますが、要綱第23の2(2)の本文は第三者と債務者の関係について規定していて民法第474条第2項と条文の書きぶりは変わっていないことからすれば、現行法と同様に、弁済の無効を主張する債務者が立証責任を負うものと思われます。
2. 上記の住宅ローンの保証会社の求償権に対する保証人の例は「利害関係」の範囲の問題ですが、要綱では弁済をする「正当な利益」という文言に変更されているところその範囲に変更はないことから直接的な解決はなされていないことになります。ただし、仮に「正当な利益」がないと解されても、債権者（金融機関）が債務者の意思に反することを知らなければ弁済は有効となることから、やはりリスクは一定程度軽減されているものと思われます。
3. 利害関係のない第三者として反社会的勢力に該当するような者から弁済があった場合で債務者の意思に反するか否か不明の場合に、債権者として受領する義務を負うのかという問題もありました（注5）。この点は、受領義務を負わない（履行を拒絶できる）ことが明確になりました。

（注5）民法（債権関係）部会第87回会議議事録9頁（中井委員発言）

Q47 預貯金に関する定め（過誤払の場合の効力・預貯金口座への振込による弁済の効力）はどのような内容となりますか？

A 　預貯金の過誤払については請求者が権限者でないことについて銀行が善意または無過失であれば有効な弁済となる点で現行法と変わりません。
　預貯金口座への振込による弁済については、預金者が銀行に対して払戻しを請求する権利を取得した時に弁済の効力を生じるとされました。

1　現行法における定め

(1)　預貯金の過誤払（準占有者への弁済）

　債権の準占有者への弁済は、当該準占有者が無権限者であることについて弁済者が善意または無過失であれば有効とされています（民法478）。

　この定めの趣旨は、無権限者への弁済は無効であるのが原則ですが、債権者らしい外観を呈する者に善意で弁済した者を保護する点にあります。

　「債権の準占有者」とは、取引観念上、真実の債権者らしい外観を有する者を意味し、債権証書の占有は要件とされていません（注1）。判例で、「債権の準占有者」として認められた者としては、債権譲渡行為が無効な場合の事実上の譲受人（大判大正7年12月7日民録24輯2310頁）、表見相続人（大判大正10年5月30日民録27輯983頁）、債権が二重譲渡された場合に劣後する譲受人（最判昭和61年4月11日民集40巻3号558頁）、詐称代理人（最判昭和37年8月21日民集16巻9号1809頁）などがあります。金融実務との関係では、預金証書等と金融機関に届け出た印鑑を所持するが実際の預金者ではない者が預金の払い戻しを行った場合に

準占有者への弁済として有効といえるのかが争われてきました（肯定するものとして、大判昭和16年6月20日民集20巻921頁などがあります）。

(注1) 磯村哲編「注釈民法(12)債権(3)」有斐閣、1970年、79-80頁

(2) 預貯金口座への振込による弁済

預貯金口座への振込みによる弁済に関するルールについては、民法には規定がなく解釈に委ねられています。このため、預貯金口座への振込みをもって弁済ができるか、また振込みによる金銭債務の消滅時期等の基本的な法律関係が明確ではないとの指摘があります。

預貯金口座への振込みによる金銭債務の消滅時期については、振込みによって受取人の預金債権が成立する時期（受取人が処分可能な形で確定的に預金債権を取得した時点）の理解と密接な関連を有していて、被仕向銀行が受取人の預貯金口座に入金記帳をした時点であると解するのが通説であるとされています。また、預貯金口座への振込みによる債務の履行が弁済か代物弁済かという点について解釈が分かれています（代物弁済であると債権者の承諾が必要となります）（注2）。

(注2) 民法（債権関係）部会資料70B、3-4頁

2 要綱による変更点

(1) 「準占有者」という文言を「取引上の社会通念に照らして受領権者と認められる外観を有するもの」に変更しています。ただし、「準占有者」という用語自体の分かりにくさを踏まえて現行の一般的な理解を明文化したものであり（注3）、現在の判例・通説の理解を変更するものではないと考えられます。

中間試案第22の4では、受領権者以外の者への弁済が有効になるには「受取権者であると信じたことにつき正当な理由がある場合」（傍点筆者）とされていました。この趣旨は、通帳を盗取した第三者がその通帳で機械払方式による払戻しを受けた事案において、払戻時における過失の有無の

みならず、機械払システムの設置管理についての過失の有無という弁済時の弁済者の主観面と無関係な事情も考慮して判断した判例（最判平成15年4月8日民集57巻4号337頁）を踏まえたものです。今後はインターネット等を通じた非対面の決済の増加が予想されることから、弁済時の事情を総合的に考慮するルールとすることが望ましいという問題意識があったようです。しかし、要件が変わることで従来の判断枠組みが変わることへの懸念（例えば、預貯金者の帰責事由の有無が考慮されやすくなるのではないか、など）があったことから採用されませんでした（注4）。

(2) 中間試案では、通説の理解を前提として、入金記帳された時点で弁済の効力が生じるとしていました。しかし、入金記帳されなくとも弁済の効力が生じたといえる場合もある（例えば、預貯金者が口座を有する銀行の事務処理遅延等があった場合）という反対意見がありました（注5）。また、実務界から、被仕向銀行が各々のシステムで入金記帳する方法は必ずしも統一されていなく、記帳された正確な入金時刻を聞かれても調査できない場合があるとの意見がありました（注6）。そこで、要綱では、振込みによって弁済ができることを明確化したうえで、振込金額について債権者が預金債務者（銀行）に対して払戻しを請求する権利を取得した時に弁済の効力が生じるとして債務の消滅時期については解釈にゆだねることにしています。

債権者（預貯金者）の承諾の要否について明文は設けられていません。しかし、中間試案のルールについて振込みによって債務を履行することが許容されるときに適用され、債権者の明示または黙示の承諾は必要であると説明されていて（注6）、承諾が必要となる点は要綱でも変更はないものと思われます。

（注3）民法（債権関係）部会資料80-3、24頁

（注4）民法（債権関係）部会資料70A、28頁

（注5）民法（債権関係）部会資料70B、4-5頁

（注6）民法（債権関係）第80回会議議事録50-51頁（中原委員発言）

●実務に影響があるポイント●

1. 預貯金の過誤払について、銀行が善意または無過失である場合のみ有効な弁済となる点で現行法と変わっていません。したがって、実務上の影響はないものと思われます。
2. 預貯金口座への振込みによる弁済の効力発生時期となる「払戻しを請求する権利を取得した時」の具体的な内容は解釈に委ねられていて、個々の事案の内容や契約の定めにもよります。基本的には入金の記帳がなされた時になるものと思われます。

第16節 弁済による代位

Q48 一部弁済による代位の場合の規律はどのように変わりますか？

A 一部弁済による代位について債権者の同意を条件とする、一部弁済があっても債権者は単独で担保権の実行ができる等、債権者に有利な内容が明確にされました。

1 現行法の定めと実務上の問題点

(1) 現行法の定め

現行法では、保証人等から債権の一部について代位弁済があったときは、代位者は弁済額に応じて債権者とともに権利を行使できるとしています（民法502①）。これに対して、一部弁済による代位が認められる場合の債権者の権利行使について現行法に定めはありません。また、一部代位による担保権の実行が認められた場合の配当金の支払順序についても現行法では定めがありません。

一部代位の効果については、当初、代位者が債権者と同一の地位に立ち、分割行使が可能であれば、独立して代位した権利を行使し得ること、債権者と平等の立場で案分比例額を請求できること等が認められていましたが（代位者の抵当権実行による競売申立を認めた判例として、大決昭和6・4・7民集10巻535号）、現在では、代位者は単独で代位した権利を行使しうるものではなく、債権者とともに行使でき、弁済については債権者が優先すると解されています（注1）。また、判例でも、一部弁済の代位によ

って抵当権が実行された場合の買受代金の配分について債権者が代位弁済者に優先するとされています（最判昭和60年5月23日民集39巻4号940頁、最判昭和62年4月23日金法1169号29頁）。一部弁済による代位の場合は債権者から独立して担保権を行使することはできないとした裁判例もあります（東京高判昭和55年10月20日判タ429号106頁）。

(2) 実務上の問題点

一部代位の効果の学説等の変遷は(1)のとおりですが、判例に関しては上記の大審院決定のとおり一部弁済を行った者は債権者とは別に債権者の有する抵当権を実行できるとするものしかないため、本来の抵当権者である債権者が換価時期の選択の利益を奪われる等の不利益を被るおそれがあるという問題があります。このため、実務では、保証人や抵当権設定者等との特約によって、債権者の同意なく代位することを禁止しているのが通常です。

また、判例は抵当権に関するものが中心であり、抵当権以外の担保権に関する取扱いがどのようになるか必ずしも明らかではありませんでした。

（注1）磯村哲編「注釈民法(12)債権(3)」有斐閣、1970年353-354頁

2 要綱による変更点

(1) 代位者が単独で抵当権を実行するとした判例を改め、一部弁済による代位は、債権者の同意を得た場合に限り、弁済額に応じて債権者とともに行使できるとされました（要綱第23の10(4)ア）。

(2) 一部弁済による代位が認められる場合であっても、債権者は単独で権利行使しうることが定められました（同イ）。これは、代位制度は債権者や第三者を害しないことを理由として認められているものであり債権者の権利行使が代位者によって制約されるべきではないという理由によります。

(3) 債権者が権利行使する場合その権利行使によって得られる担保物の

売却代金等について代位者に優先することが明確に定められました（同ウ）。これは判例の理解について明文化したものです。

(4) 上記(1)から(3)について抵当権以外の権利行使にも適用されることが明確にされました。

●実務に影響があるポイント●

(1) 要綱により、一部弁済による代位が債権者の同意を得ない限り認められないことが明確になったため、債権者が担保権の換価時期の選択を奪われるということはなくなりました。実務上は、代位者の権利行使を制限する特約を設けるのが通常でありそれほどの影響はないものと思いますが、何らかの理由により当該特約がない場合に債権者に有利に働くといえます。
(2) 一部代位が認められる場合でも、債権者が単独で抵当権実行等を行えることが規定され、代位の有無にかかわらず、債権者が望む時期に換価処分できることが明確になりました
(3) 債権者が担保権の実行等を行う場合、一部代位者が存在しているときも、売却代金等について債権者が優先することが明確にされました。
(4) いずれについても抵当権に限らない定めとされていることから、抵当権以外の担保権に関する取扱いも明確になりました。

Q49 担保保存義務に関する規律はどのように変わりますか？

A 債権者が担保の差し替えを行った場合について、取引上の社会通念に照らして合理的な理由があると認められるときは、法定代位できる者（保証人等）からの担保保存義務違反を根拠とする免責の主張ができないこと等が明確になりました。

1 現行法の定めと実務上の問題点

(1) 現行法の定め

弁済をすることに正当な利益を有する者、例えば、連帯保証人（大判昭和9年10月16日民集13巻1913頁）、連帯債務者（大判昭和11年6月2日民集15巻1074頁）、物上保証人、抵当不動産の第三取得者、後順位抵当権者（大決昭和6年12月18日民集10巻1231頁）、一般債権者（大判13年2月15日民集17巻179頁）などは弁済によって当然に債権者に代位（法定代位）することになります（民法500）。そのうえで、法定代位できる者が存在する場合において、債権者が故意または過失によって担保を喪失または減少させたときは、法定代位できる者は当該喪失または減少によって償還を受けることができなくなった限度で免責されます（同504）。つまり、債権者は、法定代位できる者の利益を保護するため、担保保存義務を負っています。

(2) 実務上の問題点

銀行取引のように長期間継続する取引を行う場合には、担保権について繰り返し設定、解除、変更等（担保の差し替え）をすることが想定されるところ、その度ごとに法定代位できる者の承諾を得ないと担保保存義務違反の問題が生じるのでは取引に支障が生じるという問題があります。

したがって、実務上は、金融機関と保証人等の法定代位できる者との間で担保保存義務免除の特約を定めて金融機関の判断で担保の差し替えを行いうるようにしているのが通常です（当該特約を有効とする判例として、最判昭和48年3月1日金法679号34頁等）。ただし、事案によっては当該特約が信義則違反となりうることを認める判例もあり（最判平成2年4月12日金法1255号6頁、京都地判平成3年11月25日民集49巻6号1766頁）、一定のリスクがあることは否定できないため、担保の差し替えを行う場合には当該特約に加えて法定代位できる者から個別の同意を得ていることが多いと思われます。

2 要綱による変更点

要綱では、現行法における判例にて、物上保証人が担保保存義務の免除特約により担保保存義務違反を根拠とする免責の主張ができない場合は当該担保物件に係る第三取得者も免責の主張ができないとされていたところ（最判平成7年6月23日民集49巻6号1737頁）、この点が条文上明らかにされました（要綱第23の10(5)イ第2文）。

これに加えて、担保の差し替えについて、取引上の社会通念に照らして合理的な理由があると認められるときは、法定代位できる者からの担保保存義務違反を根拠とする免責の主張ができないことを明確にしています（同イ）。

●実務に影響があるポイント●

　金融機関による担保の差し替えは、通常は取引上の社会通念に照らして合理的な理由があるものであり、担保保存義務違反を根拠とする免責の主張がされるリスクは一定程度軽減されたものと思われます。ただし、どのような場合に「取引上の社会通念に照らして合理的な理由がある」といえるかは必ずしも明らかではないところであり不安定な部分が残る点は否定できないものと思われます。したがって、担保保存義務の免除特約を定めたうえで、担保の差し替えに際して法定代位できる者から可能な限り個別の承諾を得るという実務上の取扱いはそれほど変わらないのではないかと思われます。

　要綱におけるこの他の定めは現行法における判例等を明文化したにすぎず、実務への影響は特段ないものと思われます。

第17節 相殺

Q50 相殺に関する主な変更点を教えて下さい。

A 銀行実務に重大な影響を与える大きな変更はありませんが、相殺禁止の意思表示は悪意の第三者に対してだけではなく、重大な過失によりそれを知らなかった者にも対抗できるものとされます。また、不法行為債権を受働債権とする相殺の禁止について、不法行為債権に係る債務の範囲が明らかにされます。支払の差止めを受けた債権を受働債権とする相殺の禁止については、判例の立場である無制限説に立つことが明らかにされます。

1 相殺禁止の意思表示

現行法では、当事者がある債権について相殺禁止の意思表示（相殺禁止の特約）をした場合は、その債権を相殺によって消滅させることはできないとされていますが、その効力は相対的で、善意の第三者には対抗することができません（民法505②）。例えば、相殺禁止の特約が付いた債権を善意で譲り受けた者は、その債権を自働債権として相殺を行うことができます。要綱では、相殺の禁止または制限する旨の意思表示があった場合は、悪意または重大な過失によりそれを知らなかった第三者に対しても対抗できるものとします。銀行が貸付債権を譲り受ける場合などは、その債権が相殺禁止なのか否か当然確認するものと考えられますから、相殺禁止の意思表示を知らなかったとは言い難いことに注意が必要です。

2 不法行為債権を受働債権とする相殺の禁止

現行法では、「債務が不法行為によって生じたときは、その債務者は、相殺をもって債権者に対抗することができない。」(同法509)と定められ、不法行為に基づく損害賠償請求権(不法行為債権)を受働債権とする相殺は禁止されています。すなわち、不法行為債権の債務者は、相殺をしたと主張して債務の履行を拒むことはできないとされます。要綱では、不法行為債権を受働債権とする相殺を全面的に禁止するのではなく、そのような相殺が禁止される趣旨に従って、不法行為債権に係る債務の範囲を(1)「悪意による不法行為に基づく損害賠償に係る債務」および(2)「人の生命又は身体の侵害に基づく損害賠償に係る債務」に限定します。

なお、(1)における悪意とは、故意では足りず、損害を加えるという積極的な意図をもって行う場合をいうとされています。また、(2)は、これら不法行為債権は、債権者である被害者に現実の弁済によって損害の填補を受けさせることが必要との趣旨によるものです。この不法行為債権には、保護義務や安全配慮義務違反などの債務不履行によるものも含まれると考えられています。

さらに、自働債権だけが不法行為債権の場合は相殺可能とされていますが、受働債権および自働債権の双方が不法行為債権の場合については、解釈に委ねられます。

3 支払の差止めを受けた債権を受働債権とする相殺の禁止

現行法では、「支払の差止めを受けた第三債務者は、その後に取得した債権による相殺をもって差押債権者に対抗することはできない。」(同法511)と定められています。銀行実務としては、取引先の預金の差押えがなされた場合、銀行は貸付債権をもって取引先の預金債権と相殺することができるかという問題とされ、判例(最判昭和45.6.24民集24巻6号587

頁）は、自働債権（貸付債権）が差押後に取得されたものでない限り、自働債権と受働債権（預金債権）の弁済期の前後を問わず、差押後でも相殺適状になれば相殺可能としました（「無制限説」といいます）。さらに、銀行取引約定の期限の利益喪失条項の効力は、差押債権者に対しても対抗できるとしたので、銀行は貸付債権について期限の利益を喪失させる一方で預金債権の期限の利益を放棄して直ちに相殺することが可能とされました。このような相殺が認められることで、銀行は取引先の信用が低下しても預金債権との相殺をすることで貸付債権の確実な回収を図ることができます（「相殺の担保的機能」といいます）。

　要綱では、差押え前に取得した債権による相殺について、この無制限説をとることを明らかにします。また、破産法における相殺権の保護と同じ観点から、差押え後に取得した債権が「差押え前の原因に基づいて生じた」債権であるときは、第三債務者はその債権を自働債権とする相殺をもって差押債権者に対抗することができるとします。これは、現行法よりも広く相殺を認めるもので、第三債務者の相殺への期待をより強く保護するものです。ただし、差押後に他人の債権を取得した場合には、相殺を認めていませんので注意が必要です。その場合は、差押時に相殺による回収を期待していたとは考えられず、その保護の必要がないからです。

　なお、差押え等の命令が発せられたことなどの事由が生じたときに、期限の利益を喪失させる旨の合意や、その場合に意思表示を要しないで相殺の効力が生ずるものとする旨の合意（「相殺予約」といいます）について、判例はその効力を特に限定せず差押債権者等にも対抗できるものとしていますが、これについては明文化されず、解釈に委ねられます。

4　その他の改正

　複数の自働債権または受働債権を相殺する場合、相殺をする債権者の債権がその負担する債務の全部を消滅させるのに足りないときは、当事者間

に充当に関する別段の合意がない限り、元本債権相互間で相殺適状が生じた時期の順序に従って充当することなどが定められます。

●実務に影響があるポイント●

　要綱は、相殺禁止の意思表示、不法行為債権等を受働債権とする相殺の禁止および支払の差止めを受けた債権を受働債権とする相殺の禁止などについて、判例の立場に沿った内容となっていますから、判例に依拠した現行の金融実務に影響を与える事項は少ないと考えられます。なお、要綱では、相殺権の濫用に関して一般条項を設けることは見送られましたが、いわゆる狙い撃ち相殺や駆け込み相殺は、引き続き権利の濫用としてその効力が否定されるので、注意が必要です。

第18節 更改

Q51 債権法の改正によって更改の目的と効果はどのように変更されますか？

A 現行法（民法513）では、更改について「債務の要素を変更」という用件になっていましたが、それが曖昧な表現であることから、要綱仮案では①従前の給付内容について重要な変更をした場合、②従前の債務者が第三者と交代した場合、③従前の債権者が第三者と交代した場合という形で明記しました。更改の効果は旧債務が消滅するというもので、変わりません。

1　更改の法的性質

　更改とは当事者が債務の要素を変更することにより、もとの債務を消滅させ、新たな債務を成立させる契約です（旧民法513①）。Novationという言葉は「一新すること」というラテン語（novatio）に由来するもので、その特徴は①もとの債務を消滅させること、②新たな債務を成立させること、③新旧債務に間に同一性がないことにあります。

　更改は、沿革的には債権譲渡や債務引受が認められていなかった時代に当事者の交替を可能にする機能をもっていましたが（磯村哲編『注釈民法(12)』477頁以下）、その後、債権譲渡・債務引受が認められるようになり、また債務の内容の変更も変更契約・代物弁済・和解契約などによって実現できたため、更改の存在意義は、徐々に小さくなっていきました。判例（注）や学説でも、当事者が明確な更改の意思を有している必要があるとしており、更改の意思がない限り、債務の目的（内容）を変更する合意で

あれば代物弁済、債権者を変更する合意であれば債権譲渡、債務者を変更する合意であれば免責的債務引受と解釈すべきであると考えられています。しかし、条文上では更改の意思が必要であることが読み取れないとの意見がありました。

(注) 大判昭和7年10月29日新聞3483号18頁「債権関係の主体又は内容の変更は、債権関係の同一性とは連動しない現在において、当事者の意思が特に明確な場合は別として、安易に更改がなされたものとすべきではない。」

2 改正内容

今回の債権法の改正では、更改における目的を明確化するために、債務の要素の具体的な内容をできる限り条文上明確にすることを目指して、文言を「給付の内容」とすることになりました。また、現第513条第2項については、実際の適用例が見当たらないことに加え、規律内容の合理性に疑問があるという指摘から削除しています。更改が効力を生ずるための要件として、旧債務が存在することと新債務が成立することを条文上明記し、更改契約の成立のためには、更改の意思が必要であるという判例法理の実質的な意味を明確化するために、「当事者が従前の債務に代えて、新たな債務を成立させる契約」であることを明記しました。

中間試案概要との比較では、給付の内容を変更した場合であっても、別個の者と評価されない場合には、更改の成立は否定されることから（大判大正5年2月24日、大判明治34年4月26日）この考え方を表すために「重要な変更をした」という要件が加えられました。

●実務に影響があるポイント●

更改の法的性質を明確化する改正が行われたに過ぎず、実務への影響は特段ありません。なお、更改の効果は旧債務の消滅でしたが、それの例外として旧債務が消滅しない場合を定めた民法第517条は要綱仮案では削除されました。

Q52 債権法の改正によって更改による当事者の交替の制度はどのように変更されますか？

A 　債務者の交替は免責的債務引受と重なるものです。どちらになるかは当事者間の意思表示（更改の意思の有無）によって決まりますが、更改の契約当事者とは「債権者と更改後に債務者となる者」であり、「更改前の債務者に対する債権者の通知」により契約効力が発生します。三者間契約という考え方もありますが、現行法の考え方（債権者と更改後の債務者との二者間契約）を維持しつつ、更改前の債務者への通知を効力発生要件としたということになります。
　債権者の交替は債権譲渡と重なるものですが、更改前の債権者・更改後の債権者・債務者の三者間契約により成立します。第三者対抗要件としては確定日付ある証書を求めていますので、債権譲渡との区別は更改の意思の有無によるということになります。

1　改正内容

　更改は旧債務の消滅とそれに伴う担保・抗弁権の消滅という重大な効果が伴うので、使いにくいとの主張がありました。更改は、その当事者が、そのような重大な効果を持つ不便な制度をあえて利用するという明確な意思をもつ場合に限りに認められると考えられるようになり、社会における機能は一層小さくなっています。

　債権法改正の議論では、更改による当事者の交替の合意は、債権譲渡または免責的債務引受の合意とみなす旨の規定を設けるべきであるという考え方について、そのような更改の実務上の必要性が本当にないかどうかが重要であり、必要性がないとまでは言えないのであれば、当時者の交替による更改は債権譲渡または債務引受と推定するという程度の規定を置けばよいのではないかという意見がありましたが、これに対し、実務上の経験

としては更改による当事者の交替を利用したことがないという意見や利用されているのを見たことがないという意見がありました。また仮に書面上では更改による当事者の交替という文言の実例があったとしても債権譲渡や債務引受による場合との違いが不明確であるのは問題であり、概念の整理が必要であるとの意見が出され、債務者の交替による更改においては、①債務者の意思に反しないことを要件にしないこととし、②債権者の債務者に対する通知によって効果が生ずること、③新債務者は、その債務を履行した場合であっても、旧債務者に対して求償権を有しないことを定めました。

2 中間試案での三面更改の議論

　中間試案における三者合意とする考え方に対しては、パブリック・コメントで批判が多かったことから、採用されていません。また債権者の交替による更改においては、旧債権者、新債権者および債務者の三者間で合意しなければならないという現第515条を基本的に維持しつつ、債権者の交替による更改は三者間の合意によってのみ成立することを明確にするため規定を改めています。債権譲渡の第三者対抗要件が登記・確定日付のある譲渡書面となる場合にはこれと同じものとなり、債権譲渡の第三者対抗要件が確定日付のある証書による通知となる場合には、同条を現状のまま維持することになります。

　なお、中間試案では、三当事者が参加して、二当事者間の債権を三当事者間の2つの債権に置き換えるという制度を提案し、三面更改と呼んでいました。これは、国内の鉄道の乗継で行われる鉄道会社間の決済や、飛行機を外国で乗り継ぐ際に行われる航空会社間の決済や、グループ企業間で取引を行う多数の企業の間の決済等、さまざまな場面で近年問題となっている取引の方法として、取引当時者とは別の主体を介在させて債権債務を一括して決済するという仕組みをさらに安定的に実現することを担保する

ための法概念を民法に設けることが検討され、中間試案では債権債務の置き換えを可能にする新たな概念を創設することとし、更改という既存の制度の新たな類型が提案されていたものです。

3 三面更改の提案の取下げ

置き換え後の債権について不履行があったとしても、「更改後の債務の不履行があったことによって更改自体を解除することができない」という判例が適用されますので、決済を安定させることができること、また海外の法制では、この債権の置き換え更改の概念で説明する例が多く見られることから、日本の決済システムの安定性を対外的に説明しやすくなるという指摘もあり、更改制度が提案されたのですが、債務者の交替による更改の第三者対抗要件と同じものを具備しなければならないとすると、実務的には耐えられない負担であり、利用する余地がないとの批判が寄せられたこと、新たな法技術を新設する必要自体にも意見が分かれる状況であったことから取下げとなりました。

●実務に影響があるポイント●

債権譲渡や債務引受との関係から、その違いを明確化させる手当が行われたに過ぎず、実務面への影響は大きくはないと考えられます。尚、実務面からの批判が大きかったことから三面更改の提案は取り下げられましたが、中間試案での実務への影響として、三面更改の債権移転では、第三者対抗要件が要求されたことで、使い勝手が悪くなることが見込まれていました。

第18節 更改

Q53 債権法の改正で更改後担保の移転に関して、どのような変更がありますか？

A 更改により担保権（質権・抵当権）が移転する点について定めた民法第518条は、担保を移転させる主体として「更改の当事者」と定めていましたが、要綱仮案では「債権者」のみで移転できる形にしました。

1 これまでの指摘

　更改によって旧債務が消滅するという効果が生ずるので、旧債務のために設定された担保権は更改によって消滅するのが原則であり、必要がある場合には新債務について改めて担保権を設定すればよいのですが、質権や抵当権については担保目的物に後順位の担保権が設定されていると、担保権の順位を維持することができないことになります。そこで現第518条では、旧債務の目的の限度で質権または抵当権を新債務に移すことができるものとし、更改の当事者の間の合意が必要であるとした上で担保設定者が第三者である場合には当該第三者の承諾を得なければならないとしていました。

　こうした当事者の合意については、従来から質権等の移転において疑問が呈されていました。質権等を設定していない債務者や新債務者は、更改による質権等の移転によって不利益を受けることがないにもかかわらず、質権等の移転の承諾をしないことによって、質権等の移転をさせないとする余地が残るからです。また、条文上は質権等の移転に関する合意の時期について限定がない点については、遅くとも更改契約の時点までに質権等の移転がなければ、被担保債権の消滅後に質権等が移転することを認めることになり、担保権の付従性との関係で問題があると指摘されていまし

た。

2 改正内容

　今回の債権法の改正では、担保の移転について担保設定者ではない債務者の関与を必要とすることに合理的な理由はないことから債権者の単独の意思表示によって担保を移転することができることとするとともに、ただし書において、民法第518条ただし書を維持しました。また担保の移転の意思表示は、更改と同時にする意思表示でもよいということを明確にするために「あらかじめ又は同時に」と表記しました。同時性を要求するのは、更改契約の後では担保権の付従性により当該担保権が消滅すると考えられるためです。

　なお、中間試案では、法定担保権や保証も移転の対象とし、免責的債務引受けにおける移転対象と同様に解していましたが、要綱仮案では、移転の対象となる担保権を質権または抵当権に限定しています。これは、免責的債務引受けは、債務者が負担していた債務と同一性のある債務を引受人が負担するから担保権も承継されるのが原則であると考えられるのに対し、更改の場合は、同一性のない債務が発生するため、担保権は消滅するのが原則であると考えるべきであり、従前の担保権の順位を維持する必要があって、特に移転を認める必要性がある質権または抵当権についてのみ、移転の対象とする現行法の考え方が妥当であると考えられたからです。

●実務に影響があるポイント●

　担保の移転手続において、債務者の関与が不要となり、債権者単独で手続きを実施することが可能となったことから、今回の法改正によって、金融機関等の債権者にとっては、実務面で担保移転の使い勝手が向上したものと言えます。

第19節 定型約款

Q54 定型約款とはどのようなものでしょうか？

A 現行法には約款についての定めはないが、学説上も約款の効力が認められており、実務上も約款に基づく取引が行われています。
要綱では、約款一般についての規定は見送られ、定型約款についての規定を設けることとされました。

1 定型約款の要件

　定型約款とは、定型取引において、契約の内容とすることを目的として、当事者の一方により準備された条項の総体とされています。

（1）　定型取引とは、以下の要件を満たすものとされています
　①　不特定多数の者を相手方として行う取引であること
　②　取引の内容の全部または一部が画一的であることが取引を行う者の双方にとって合理的なものであること

　定型約款の前提となる定型取引について、不特定多数の者を相手方とする取引であることは独立の要件とされています。
　そして、不特定多数の者を相手方とする取引とは、相手方の個性に着目しない取引であるとされています。
　また、定型取引については、取引の内容の全部または一部が画一的であることが取引を行う者双方にとって合理的なものであることも要件とされています。取引の内容の全部または一部が画一的である場合であっても、

一方の当事者だけにとって合理的であるときは、定型取引には該当しないと考えられます。

定型取引以外の取引の契約について適用される条項の総体は、定型約款には該当しないことになります。

(2) 契約の内容とすることを目的として作成されたものであること、「契約内容とする」とは、合意があったものとみなされて約款に記載された部分を含めて契約内容となることを目的とすることです。

ただし、当事者が異なる合意をした条項については、適用されません。

取引において、通常の契約内容を十分に吟味し、交渉するのが通常である場合には、仮に当事者の一方によってあらかじめ契約書案が用意されていたとしても、それはいわゆるたたき台にすぎず、契約の内容はお互いに十分に認識することが前提であることから、合意があったものとみなされて契約の内容とする目的があるとはいえないと指摘されています。

(3) 不特定多数の者を相手に取引を行うことを意図する者により準備されたものであること

2 定型約款による取引

定型約款による取引は、交渉が行われず、相手方はそのまま受け入れて契約するか契約しないかの選択肢しかないことが特色です。

事実上の力関係等によって交渉可能性がない場合であっても、プロ同士の取引であって、画一的であることが両当事者にとって合理的といえないのであれば、定型約款には当たらないとの指摘があります。

基本契約書に合意した上で行われる個別の売買取引などは、基本契約書で契約条件の詳細は定められていて、個々の発注時には対象物の品質、数量等のみを示して取引が行われますが、個別の発注時に基本契約書で定められた取引条件に拘束されるのは基本契約の効力によるもので、「定型約款」による取引とはいえないと解されます。

3 事業者間の取引

　事業者間取引は画一的であることが両当事者にとって合理的とまではいえないとの指摘があります。

　しかし、ある企業が一般に普及しているワープロ用のソフトウェアを購入する場合などは、事業者間の取引ではあっても、上記の要件を満たすと解されます。

●実務に影響があるポイント●

- 定型約款は、定型取引に該当する取引についての契約条項の総体であるとされています。
- 定型取引は、不特定多数の者を相手方とする、相手方の個性に着目しない取引で、内容の全部または一部が画一的であることが、取引を行う双方にとって合理的である取引とされます。
- 定型約款を準備して取引を行おうとする者は、当該取引が定型取引に該当するか確認する必要があります。

Q55 どのような場合に、定型取引を行う契約に、定型約款の内容が適用されるのでしょうか？

A 要綱では、次のいずれかの場合に、定型取引を行う契約に定型約款の内容が適用されることとされました。
① 定型約款の内容を契約の内容とする合意があった場合
② 法所定の要件を充足したことにより合意があったものとみなされた場合
このように、約款に記載された部分を含めて契約内容とすることを「契約内容の補充」といいます。

1 定型約款についてのみなし合意よる契約

　定型取引では、当事者が、定型約款を契約の内容とすることを合意した場合には、当該取引の契約に定型約款の内容が適用されます。
　そのほか、定型約款を準備した者（以下「定型約款準備者」という）があらかじめ当該定型約款を契約の内容とする旨を相手方に表示した場合、定型取引を行う合意（以下「提携取引合意」という）をしたときは、定型約款の個別の条項についても合意をしたものとみなされます。
　「定型取引合意」は、当該取引を行おうとする合意という概念であり、約款全体を了解して行う契約の意思とは異なるとされています。
　例えば、インターネットで商品を買う場合には、どの店でどのような商品をいくらで購入するといったことについては意思の合致があるといえるが、契約条件の詳細は認識していない場合に、このうちの前者の意思の合致が定型取引合意であるとされています。定型取引合意がある状態で定型約款を契約の内容とする旨が表示されていれば、具体的な内容を認識していなくとも定型約款の個別の条項についても合意をしたものとみなされ、契約の内容となるとされるものです。

なお、例えば、鉄道事業に係る旅客運送のように、あらかじめ定型約款によって契約の内容が補充される旨を相手方に表示していない場合であっても、その表示が困難であるという一定の取引については、定型約款準備者が当該定型約款を契約の内容とすることをあらかじめ公表していたときも、当事者がその定型約款の個別の条項について合意をしたものとみなす旨の規律を民法とは別途に設けるものとされています。

2　信義則違反の条項

　相手方の権利を制限し、または相手方の義務を加重する条項であって、当該定型取引の態様およびその実情並びに取引上の社会通念に照らして信義則（民法1②）に反して相手方の利益を一方的に害すると認められるものは、合意をしなかったものとみなされます。

　当該条項を無効とするのではなく、当事者がその定型約款の個別の条項について合意をしたものとみなされる対象から当該条項を除外するとの趣旨とされています。
　除外されなかった条項について合意があったものとみなされますので、その条項の総体が、契約内容となります。

●実務に影響があるポイント●

- 定型取引において、定型約款を準備する者が、当該取引は定型約款が契約の内容となる旨を表示しているときは、当該取引を行う合意により、定型約款の条項が契約内容となることの合意があったとみなされ、当該契約の内容となります。
- 定型取引において定型約款を準備する者は、当該取引は定型約款が契約の内容となる旨を表示する必要があります。
- 相手方の権利を制限しまたは義務を加重する条項が、信義則に反して相手方の利益を一方的に害すると認められるときは、当該条項は、契約内容とするとの合意があったとはみなされません。

Q56 定型約款の内容についての開示義務はどうなっていますか？

A 　定型約款準備者は、相手方から請求があった場合には、すでに相手方に対して定型約款を記載した書面を交付したなどの場合を除き、遅滞なく、相当な方法で当該定型約款の内容を示さなければなりません。
　定型約款準備者が、定型取引合意の前に、相手方からの定型約款の内容開示の請求を拒んだときは、定型取引合意を行っても、定型約款が契約内容となることはありません。

1　定型約款の内容の開示義務

　定型取引を行い、または行おうとする定型約款準備者は、定型取引合意の前または定型取引合意の後相当の期間内に相手方から請求があった場合には、遅滞なく、相当な方法で当該定型約款の内容を示さなければならないとされています。

　ただし、定型約款準備者が、相手方から定型約款の内容開示の請求を受けた場合に、すでに相手方に対して定型約款を記載した書面を交付し、またはこれを記録した電磁的記録を提供していたときは、重ねて開示をする必要はないとされています。

2　開示義務違反の効果

　定型約款準備者が、定型取引合意の前に、相手方からの定型約款の内容開示の請求を受けたが、その開示を行わなかったときは、定型取引合意を行っても、定型約款の個別の条項についても合意をしたものとみなされません。開示は、定型取引合意の前に行わなければならないと考えられます。

　ただし、開示が行われなかったことについて、一時的な通信障害が発生

したことによるものであるなど正当な事由がある場合も、開示義務違反とならないとされています。

しかし、開示が可能となったときには、遅滞なく、開示する必要があると考えられます。

なお、すでに相手方に対して定型約款を記載した書面を交付（またはこれを記録した電磁的記録を提供）していたときは、重ねての交付または提供の義務はないため、定型約款を契約内容とする合意があったものとみなされると考えられます。

しかし、その場合でも、書面交付等の有無をめぐる紛争となり得ますので、書面等の受領書を保存するか、立証が困難であれば、請求に応じて、遅滞なく、交付する等の対応が望ましいと考えられます。

●実務に影響があるポイント●

- 定型取引合意の前または定型取引合意の後相当の期間内に相手方から請求があった場合には、遅滞なく、約款集を交付するなどの相当な方法で当該定型約款の内容を示す必要があります。
- 定型取引合意の前に、相手方からの定型約款の内容開示の請求を受けたが、定型取引合意の時までに、その開示を行う必要があります。
  行わなかったときは、定型取引合意を行っても、定型約款を契約の内容とする合意があったとはみなされません。
- 相手方から定型約款の内容開示の請求を受けた場合に、すでに相手方に対して定型約款を記載した書面を交付（または電磁的記録を提供）していたときは、重ねて開示をする必要はありません。
  しかし、書面交付等の有無をめぐる紛争となり得るため、受領書の保存を行うか、交付等の立証が困難な場合には、遅滞なく、書面等を交付することが望ましいことになります。

Q57 定型約款の変更について教えて下さい。

A 定型約款準備者は、次のすべてを満たすときは、定型約款の変更をすることにより、契約の内容を変更することができます。
　（1）　次のいずれかに該当すること
　　　ア　定型約款の変更が、相手方の一般の利益に適合するとき
　　　イ　定型約款の変更が、契約をした目的に反せず、かつ、変更の必要性、変更後の内容の相当性、定型約款での変更に関する定めの有無、その内容その他の変更に係る事情に照らして合理的なものであるとき
　（2）　定型約款準備者が、定型約款を変更する旨および変更後の定型約款の内容並びに当該発生時期をインターネットの利用その他の適切な方法により周知すること

1　定型約款変更の効果

　定型約款準備者は、要件のすべてを満たすときは、定型約款の変更をすることにより、変更後の定型約款の条項について合意をしたものとみなし、個別に相手方と合意をすることなく既存の契約の内容を変更することができるとされています。

2　定型約款変更の要件

　定型約款の変更には、以下のすべての要件を満たすことが必要です。
（1）　次のいずれかに該当すること
　　ア　定型約款の変更が、相手方の一般の利益に適合するとき。
　　イ　定型約款の変更が、契約をした目的に反せず、かつ、変更の必要性、

変更後の内容の相当性、定型約款での変更に関する定めの有無その内容その他の変更に係る事情に照らして合理的なものであるとき。
(2) 定型約款準備者が、定型約款を変更する旨および変更後の定型約款の内容並びに当該発生時期をインターネットの利用その他の適切な方法により周知すること

相手方にとって利益となる変更（以下「利益変更」という）は、定型約款を変更する旨および変更後の定型約款の内容並びに当該発生時期をインターネットの利用その他の適切な方法により周知することにより、定型約款の変更をすることができます。

また、定型約款の変更が、契約をした目的に反せず、かつ、変更の必要性、変更後の内容の相当性、定型約款での変更に関する定めの有無その内容その他の変更に係る事情に照らして合理的なものであるときに該当するか否かの判断にあたっては、相手方に解除権を与えるなどの措置が講じられているか否かといった事情のほか、個別の同意を得ようとすることにどの程度の困難を伴うか（約款の変更による必要性）といった事情も考慮されるものとされています。定型約款での変更に関する定めは必須とはされていません。

3　定型約款変更の周知

　定型約款準備者は、定型約款を変更するときは、定型約款を変更する旨および変更後の定型約款の内容並びに当該発生時期を周知することが必要とされます。

　周知の方法は、インターネットの利用その他の適切な方法により行われるべきものとされています。

　具体的には、HPへの掲載などが想定されていると考えられます。

　効力発生時期は、利益変更とそれ以外の変更とに区分せず、常に定めなければならないものとされています。

利益変更については、周知が終了しなくても、定められた効力発生時に、約款変更の効力が発生するものと考えられます。

これに対し、利益変更以外の変更については周知が終了しなければ効力は発生しないこととされています。

すなわち、定型約款準備者が、定型約款の変更が、契約をした目的に反せず、かつ、変更の必要性、変更後の内容の相当性、定型約款に変更に関する定めの有無その内容その他の変更に係る事情に照らして合理的なものであるとして定型約款の変更をするときは、定型約款変更の効力発生の時期が到来するまでに、上記の周知をしなければ、当該定型約款の変更は、その効力を生じないこととされています。

●実務に影響があるポイント●

- 定型約款の変更をすることにより、既存の定型取引の契約の内容を変更することができます。
- 変更については、以下の要件を満たすことが必要です。
  （1）　次のいずれかに該当すること
  　ア　利益変更（相手方の一般の利益に適合する変更であるとき）
  　イ　契約をした目的に反せず、かつ、変更にかかる事情（必要性、変更後の内容の相当性、定型約款の変更に関する定めの有無その内容その他）に照らして合理的なものであるとき
  （2）　定型約款を変更する旨および変更後の定型約款の内容並びに変更の効力発生時期をインターネットの利用その他の適切な方法により周知すること
- 定型約款変更の周知の方法は、インターネットの利用その他の適切な方法とされています。
- 利益変更以外の変更の場合は、変更の効力発生時期の前に、周知をしなければならないとされています。

第20節 売買

Q58 売買の対象となる物や権利が契約の内容に適合しない場合、買主は売主に対してどのような請求をすることができますか？

A 債務不履行にあたるとして、その一般原則に従って損害賠償や契約の解除ができるほか、補修や代替物の給付などの履行の追完請求、代金の減額請求をすることができます。

1 担保責任制度の廃止と債務不履行責任制度への一元化

　現行法における瑕疵担保責任の制度の性質や趣旨については、学説上争いがありました。これらの学説のうち、法定責任説は、売買の対象が特定物である場合には、その瑕疵が債務不履行を構成せず、瑕疵担保責任の規定は目的物に瑕疵があった場合の売主の責任を法が特に定めたものであると捉えるもので、伝統的な通説とされていました。このような考え方は、特定物についてはその個性に着目して売買の対象とするのであるから、瑕疵のないものを給付することは合意の内容になっていないという理解を前提としています。このような理解は「特定物のドグマ」と呼ばれてきました。

　要綱は、このような考え方を採用せず、瑕疵担保責任の制度も債務不履行の一場面において適用されるものと捉える契約責任説の見解に立ち、売買の目的物に瑕疵があった場合、それが特定物か不特定物かにかかわらず、債務不履行の規律に従い、一般原則により損害賠償請求や契約の解除ができるものとしました。現行法では、一般の債務不履行責任とは別に置

かれた担保責任の規定において、解除や損害賠償が債務不履行責任とは別の要件の下に定められていますが、これは改められることになります。

　要綱では、「瑕疵」という文言も使用されておらず、現行法における瑕疵担保責任が問題となる場面は、目的物や権利が契約内容に適合しない場合として整理され、次に述べる追完請求権や代金減額請求権が認められています。

　重要なのは、現行法においては、損害賠償請求や解除、代金減額請求といった権利に係る要件や効果が、質的な瑕疵か量的な瑕疵か、物の瑕疵か権利の瑕疵かによって区別されて規定されていますが、要綱においては、基本的に同一の要件・効果に統一されたことです。

2　追完請求権の創設

　売買契約において、引き渡された目的物が種類、品質または数量に関して契約の内容に適合しないものであるときは、買主は、売主に対し、目的物の補修、代替物の引渡しまたは不足分の引渡しによる履行の追完を請求することができます。

　要綱は、売買の目的物が特定物であるか不特定物であるかを問わず、追完請求を認めています。これは、特定物であっても、不特定物であっても、その種類、品質または数量に関する瑕疵の存否いかんは契約の内容になっており、売主はその契約の内容に適合した物を買主に引き渡す義務を負い、かかる義務に違反したときは債務不履行を構成するという考え方を基礎にしています。つまり、すでに述べた法定責任説の見解や特定物のドグマと呼ばれる考え方が否定されているわけです。

　追完請求権は、契約の不適合が買主の責めに帰すべき事由によるものであるときは認められず、また、買主に不相当な負担を課すものでないときは、売主は買主が請求した方法とは異なる方法による履行の追完をすることができるとされています。

3 代金減額請求権の拡張

現行法においては、目的物に契約不適合があった場合、数量の不足があるときのほかは、売主が買主に代金の減額を請求することは認められていません。要綱においては、これを契約の内容に不適合があった場合全般に拡張し、数量のほか、種類や品質に契約不適合があった場合にも、代金減額請求ができるものとされています。

代金減額請求をするためには、相当の期間を定めて履行の追完の催告をすることが必要です。もっとも、これには例外があり、履行の追完が不能であるとき、売主が履行の追完を拒絶する意思を明確に表示したとき、契約の性質または当事者の意思表示により、特定の日時または一定の期間内に履行をしなければ契約の目的を達することができない場合において、売主が履行をしないでその時期を経過したときのほか、買主が催告をしても履行の追完を受ける見込みがないことが明らかであるときは、催告は不要であるとされています。これは、代金減額請求が、契約の一部解除という性格を持つことから、解除の場合と同様の要件を課すものです。

また、契約不適合が買主の責めに帰すべき事由による場合には、代金減額請求はできないこととされています。

4 権利の不適合の取扱い

現行法における他人物売買や地上権等および抵当権等がある場合の担保責任の規定は、要綱において、権利移転義務の不履行責任として整理されています。すなわち、要綱は、すでに述べた契約責任説の見解に従って、売主は契約内容に適合した権利を供与する義務を買主に負い、かかる義務に違反したときは、債務不履行責任を問われることになるという考え方に立っています。

そこで、移転された権利に契約不適合がある場合、買主は、債務不履行

の一般原則に従い、損害賠償や契約の解除をなし得ることになります。また、種類、品質または数量の不適合に関する追完請求権と代金減額請求権の規定が準用され、かかる権利行使が可能です。他人物売買に関しては、売主はその権利を取得して、買主に移転する義務を負うものとされていることから、かかる義務の履行請求をすることができることになります。

●実務に影響があるポイント●

　特定物についても、履行の追完請求が明確に認められたことから、中古の動産や不動産に関しても、その品質が契約で合意した内容と異なるなどとして、修補や代替物の引渡しを求めることが可能となります。また、その場合、売主は、買主に不相当な負担を課するものでない限り、買主が請求したのと異なる方法を選択することができますが、「不相当な負担」とはいかなるものを指すのかどうか曖昧な点を残しているといえます。

　契約不適合の際の損害賠償の範囲については、担保責任に関しては、対価的均衡を維持するための信頼利益に止まるとの議論もなされていましたが、債務不履行の一般原則が適用されることで、その範囲は履行利益に及ぶこととなります。

【図表58-1】要綱における売買の目的物・権利が契約内容と適合しない場合の考え方

```
◎債務不履行となる
 ⇒  損害賠償請求・解除が可能に
    〈「担保責任」や「瑕疵」の概念は廃止〉

◎併せて、履行の追完（補修や代替物の引渡しなど）請求、代金減額請求が可能
```

Q59 契約不適合による権利行使に期間制限はありますか。その他売買についての改正点にはどのようなものがありますか？

A 種類と品質に関する契約不適合の場合に、不適合の事実を知った時から1年以内に売主に通知することが売主に対する責任追及の要件になります。また、買主が買い受けた権利を取得できないおそれがあるなどの場合、一般的に代金の支払を拒絶できること、手付解除について、倍返しの際は現実の提供を要し、また、相手方が履行に着手した後は解除が認められないことが、それぞれ定められたことなどが、主要な変更点です。

1　契約不適合の場合の買主の権利の期間制限

　売主が種類または品質に関して契約の内容に適合しない目的物を買主に引き渡した場合、買主は、履行の追完、代金減額、損害賠償の各請求、契約の解除をなし得ることになります。要綱によると、この場合、買主がその不適合の事実を知った時から1年以内に当該事実を売主に通知しないときは、買主は上記の権利を行使することができません。

　現行法においては、売主の担保責任について、基本的に買主が事実を知った時から1年の期間制限が定められています（民法564、565、566③、570）。

　これについて、判例は、訴えの提起までは求めないものの、売主に対し具体的に瑕疵の内容とそれに基づく損害賠償請求をする旨を表明し、請求する損害額の根拠を示す必要があるとしています（最判平成4年10月20日民集第46巻7号1129頁）。

　要綱においては、このような買主の負担が軽減され、不適合の事実を知

ってから1年以内にその事実を通知すれば足りるものとされています。

また、このような期間制限の趣旨は、目的物の引渡し後は履行が終了したとの期待が売主に生じることから、かかる期待を保護するところにあり、売主が引渡しの時に契約不適合を知っていたときまたは知らなかったことに重大な過失があったときは、期間制限は適用されません。

さらに、このような趣旨は、移転した権利に契約不適合がある場合や権利の一部が移転されない場合、また目的物に数量不足があった場合にも、当てはまらないことから、通知は必要とされません。

なお、制限期間内の通知によって保存された買主の権利の存続期間は、債権に関する消滅時効の一般原則によることになります。

2　競売における契約不適合

現行法は、「強制競売」における買受人の権利を規定していましたが（民法568①）、要綱は、その対象範囲を競売一般に広げました。

ところで、中間試案では、目的物の種類・品質に関する契約不適合についても、一定の範囲で買受人を救済する提案がなされましたが、パブリック・コメントの手続きにおいて、競売手続の安定を阻害するなどの反対の意見が多く出され、要綱においては、債務者が責任を負わないものとされる現行法の規律が維持されることとなりました。

3　権利を失うおそれのある場合の買主による代金支払の拒絶

要綱においては、売買の目的について権利を主張する者があることその他の事由により、買主がその買い受けた権利の全部もしくは一部を取得することができないおそれがあるとき、またはこれを失うおそれがあるときは、買主が、その危険の程度に応じて、代金の全部または一部の支払を拒むことができるとされました。

現行法においては、「その他の事由」および「取得することができない

おそれがあるとき」という文言はありません（民法576）。しかし、この代金支払拒絶権については、目的物上に用益物権があると主張する第三者が存在する場合や、債権売買において債務者が債務の存在を否定した場合にも認められると解されており、また、買い受けた権利を失うおそれがある場合だけでなく、権利を取得できないおそれがある場合にも認めるのが相当と考えられます。

その考え方に基づいて、要綱では、権利の喪失または権利の取得不能を疑うについて客観的かつ合理的な理由がある場合一般に、代金支払拒絶が認められました。

4　手付解除の要件

手付による解除については、現行法第557条に規定が置かれています。要綱は、この規定に係る判例法理を明文化しています。

つまり、売主が手付を倍返しして契約を解除する場合には、解除の意思表示に際して「現実の提供」が必要であるとされています（最判平成6年3月22日民集48巻3号859頁ほか）。また、現行法は、「当事者の一方が契約の履行に着手するまでは」解除が可能であるとして、履行に着手した側の当事者の解除を認めないようにも読めますが、判例は、規定の趣旨は履行に着手した解除の相手方の保護であるという理解に立ち、相手方が履行に着手するまでは、自ら履行に着手した場合でも解除できるとしています（最判昭和40年11月24日民集19巻8号2019頁）。

要綱は、このような判例法理を取り込み、「買主が売主に手付を交付したときは、買主はその手付を放棄し、売主はその倍額を現実に提供して、契約を解除することができる。ただし、その相手方が契約の履行に着手した後は、この限りでない」としています。

●実務に影響があるポイント●

　買い受けた目的物の種類や品質について契約内容に適合しない点があった場合には、買主としての権利を保存するために、売主に対し、事実を知ってから1年以内に通知をする必要があります。現行法の下では、担保責任を追及する場面において、1年の期間制限が問題となりましたが、改正後においては、不特定物の種類・品質につき不適合があった場合に、損害賠償請求や解除といった債務不履行責任を追及する場面でも、通知は必要になるので注意が必要です。

第21節 消費貸借

Q60 消費貸借の主な変更点を教えて下さい。

A 　現行の民法の条文では、消費貸借は要物契約である、すなわち借主が貸主から目的物を受け取ってはじめて効力を生ずるとされています。しかし、判例の中には、消費貸借は諾成契約である、すなわち目的物を受け取る前であっても合意のみで効力が生じることを認めるものがあります。要綱では、書面または電磁的記録によって合意すれば、目的物を受け取る前であっても、消費貸借の効力が生ずることが明文化されることになります。

　現行の民法の消費貸借は無利息が原則のため、利息の定めのない消費貸借は無利息契約になります。しかし、現実の多くの消費貸借は利息付であり、判例では、利息付消費貸借については、要物契約性を緩和して解釈しています。要綱では、諾成的消費貸借契約は要式行為、すなわち書面または電磁的記録が必要とされる形になったため、口頭での合意のみで消費貸借が成立する可能性は僅少になったと考えられます。なお、諾成的消費貸借が原則となったことに伴い、消費貸借の予約という制度は廃止になります。

●実務に影響があるポイント●

　金融機関が顧客との間で、金銭消費貸借契約の交渉を行っている過程において、金銭消費貸借契約の成立を確かにするための書面を顧客から要求される場面が増える可能性があります。

Q61 金銭消費貸借契約が諾成契約となったことに伴い、どのようなことに留意すればよいですか？

A 　Q60の「実務に影響があるポイント」にある通り、顧客から金銭消費貸借契約の成立を確かにするための書面を要求されることが予想されます。要綱は、電磁的記録であっても書面による消費貸借とみなす一方、消費貸借契約の成立に関する書面の記載事項の要件が定められていないため、顧客とのメールのやりとりであっても、内容によっては、書面による合意があったとみなされる可能性があります。
　金融機関としては、想定していない状況下で、金銭消費貸借契約の成立を顧客から主張されないように慎重な対応が必要です。

　裁判例の中には、金融機関の融資実行責任を争うものがあります。典型的なケースは、顧客が融資を申し込んだが、金融機関が融資を実行しなかったため、顧客が損害を被ったとして、金融機関に対し、損害賠償を請求するものです。

　融資が実行しなかったことを理由に、金融機関の融資実行責任を肯定した判例は少ないものの、以下の通り、顧客からの損害賠償責任を認めた判例があります。

(1) 　メインバンクとして取引を継続してきた金融機関と企業の間で貸出条件について具体的な合意に達し、融資証明書を発行し融資約束を成立していたにもかかわらず、金融機関がこれを一方的には破棄した場合、金融機関は、企業に対し不法行為責任を負う（東京高裁平成6・2・1金判945号25頁）。

(2) 　融資契約は成立していないものの、融資に向けた交渉が進み、金融機関の担当者が確実に融資を受けられると企業を誤信させ、その経営判断を誤らせたような場合には、金融機関はこの誤信によって企業の経営

判断を誤らせた点につき過失があるため、不法行為責任を負う（東京地判平成13・7・19）。

消費貸借が要物契約であり、本来は金融機関の融資義務は観念し得ないとされていた場合においても、金融機関の損害賠償責任が認められていることに鑑みれば、消費貸借が諾成契約と明文化された場合には、顧客から金融機関に融資義務があると誤信させる可能性が高まることに注意が必要です。

●実務に影響があるポイント●

法制審議会の審議の中で、法務省は「要物契約が原則だとすると、貸主が融資実行日に急に融資はしないと言い出したとしても基本的には問題がないということになりかねない、やはりそれでは問題があるので諾成契約とすべきではないかというのが、諾成契約化の実益の大きな部分」と述べています。

金融機関としては、従前同様、顧客と融資の交渉を行っている過程において、顧客に融資を受けられると期待されないような対応が必要です。融資成立の条件を明示することも一つの方法です。

Q62 利息の定義規定が明文化されたことに伴う影響はありますか？

A 金融機関は、金銭消費貸借契約を締結する場合、利息に関する条項も必ず記載していますので、利息の定義規定が明文化されたことに伴う直接の影響はありません。

　要綱は、消費貸借の利息について、「貸主は、特約がなければ、借主に対して利息を請求することができない。」としたうえで、「特約があるときは、貸主は、借主が金銭その他の物を受け取った日以後の利息を請求することができる。」と定義しています。

　これは、現行民法の消費貸借が、「種類、品質及び数量の同じものを返還すること」を約する無利息が原則であるにもかかわらず、利息に関する規定が無いため、分かりやすい民法という観点から提案されたものです。

　金融機関は、金銭消費貸借契約を締結する場合、利息に関する条項も必ず記載していますので、利息の定義規定が明文化されたことに伴う直接の影響はありません。

　ところで、出資法および利息制限法は、借手が貸手からさまざまな名目で金銭の支払を要求し、利息以外の名目で上限金利規制を潜脱することを防ぐために、その名目のいかんを問わず金銭の借手が貸手から受け取る金銭については利息とみなすと規定しています。

　一方、金融機関は、シンジケートローンのアレンジャー手数料、デリバティブ関連契約の中途解約手数料等を各種手数料を受け取ることがあり、これらのすべてがみなし利息とされるわけではないと考えています。

　利息の定義規定が明文化されたことに伴い、出資法および利息制限法のみなし利息の解釈にどのような影響を与えるかは未知数のため、今後の動向に注意は必要です。

●実務に影響があるポイント●

　金融機関の実務において、利息の定義規定が明文化されたことに伴う直接の影響はありませんが、金銭消費貸借契約に関連して各種手数料を収受する場合、従前同様、出資法および利息制限法のみなし利息の観点から、当該手数料の対外的な説明性や対価の相当性を確保することが必要です。

Q63 当事者が期限を定めた場合で、借主が期限前弁済を行った場合、貸主は損害賠償を請求することができる旨の規定が追加されことに伴う影響はありますか？

A 金銭消費貸借契約の期限前弁済にかかる損害金について、明確に規定している場合、損害賠償の規定が明文化されたことに伴う直接の影響はありません。

　現行民法の消費貸借は、借主はいつでも返還することができるのが原則です。そのうえで、返済の期限を定めた場合は、民法第136条第2項を適用し、借主が期限の利益を放棄することによって貸主に損害を与えた場合は、その損害を賠償することができるとしています。

　現行の民法第136条第2項は利息付消費貸借契約で問題となっているため、要綱は、消費貸借の中で、返還の時期を定めた場合は、借主がその時期の前に返還したことによって貸主に損害が生じた時は、貸主は、その損害の賠償を請求することができると規定しています。

　金融機関は、金銭消費貸借契約の期限前弁済にかかる損害金について、明確に規定している場合、損害賠償の規定が明文化されたことに伴う直接の影響はありません。

　しかし、民法の損害の概念は個別の事例に即した解釈に委ねられるということが一般論のため、期限前返済の規定が明文化されたことに伴い、裁判所が新たな解釈を示す可能性は否定できません。

　金融機関としては、金銭消費貸借契約の期限前弁済にかかる損害金について、問題となった事例等をもとに、改めて期限前返済にかかる損害の内容を検討することが慎重な対応といえるでしょう。

●実務に影響があるポイント●

　金銭消費貸借契約の期限前弁済にかかる損害金について、明確に規定している場合、損害賠償の規定が明文化されたことに伴う直接の影響はありませんが、過去に期限前返済の損害金が問題になった事例等については、現在の損害金の規定について、見直す必要が無いか検討して下さい。

第22節 賃貸借

Q64 賃貸借についての主な変更点を教えて下さい。

A 賃貸借については、不動産賃貸借の対抗要件、敷金、賃貸人たる地位の移転などに関して、判例法理や一般的な理解が蓄積されていますが、今般これらが明文化されることになります。
　また、賃貸借の存続期間の上限について、定めが変更されます。賃貸中の不動産を譲渡する場合の賃貸人の地位を留保する場合については、新たに要件が定められます。

　賃貸借については、判例法理や一般的な理解の蓄積があり、今般これらについて明文化されます。主なものについて以下解説します。なお、定めが変更、あるいは新設されたものについては、Q65～Q66で解説します。

1 不動産賃貸借の対抗要件について

　不動産の賃貸借の対抗要件について、「不動産の賃貸借は、これを登記したときは、その不動産について物件を取得した者その他の第三者に対抗することができるものとする。」となります。従前の民法第605条は「その後その不動産について物件を取得した者」でしたが、これに「その他の第三者」が付加されることで、二重賃借者、不動産を差押さえた者についても含まれることが明確化されます。また、賃貸借の登記をする前に現れた第三者との優劣も対抗要件の具備の先後によって決まることについては判例がありますが（最判昭和42年5月2日判時491号53頁）、条文の文

言から「その後」が削除されることで、これも明確化されます。

2 敷金について

敷金については、判例（大判大正15年7月12日民集5巻616頁等）や一般的な理解を踏まえて「いかなる名義をもってするかを問わず、賃料債務その他の賃貸借契約に基づいて生ずる賃借人の賃貸人に対する金銭債務を担保する目的で、賃借人が賃貸人に対して交付する金銭」と定義されました。また、敷金返還債務が生ずる時期について、賃貸借が終了し、かつ、目的物が返還された時とする判例（最判昭和48年2月2日民集27巻1号80頁）、および、賃借人が適法に賃借権を譲渡した時も、特段の合意がない限り、その時点で敷金返還債務が生ずるとの判例法理（最判昭和53年12月22日民集32巻9号1768頁）が明文化されます。

さらに、賃貸借終了後の原状回復義務について、通常の使用および収益によって生じた賃借物の損耗ならびに賃借物の経年変化（いわゆる通常損耗）については原則として含まれない、とする判例法理（最判平成17年12月16日民集218号1239頁）が、明文化されることになります。

3 賃貸人たる地位の移転について

賃貸人たる地位の移転については、賃借権が対抗力を有する場合には、不動産の譲受人に賃貸人の地位が当然に承継されること（最判昭和49年3月19日民集28巻2号325頁）、賃貸人たる地位が移転したことを賃借人に主張するためには登記を具備する必要があること、について、確立されている判例法理が明文化されます。また、合意による賃貸人たる地位の移転について、一般に契約上の地位の移転には、相手方の承諾が必要とされているものの、目的物の所有権の移転と共に行う賃貸人たる地位の移転については、相手方の承諾は不要、とする判例法理（最判昭和46年4月23日民集25巻3号388頁）が明文化されます。

なお、賃貸人たる地位の移転の場面における敷金返還債務について、判例（最判昭和44年7月17日民集23巻8号1610頁）は、旧所有者の下で生じた延滞賃料等の弁済に敷金が充当された後の残額についてのみ敷金返還債務が新所有者に移転するとしていましたが、実務では全額の返還債務を新所有者に移転させることが一般的であり、判例との間に不一致が見られたところ、今般、敷金返還債務が新所有者に当然に移転するという点のみを明文化し、充当の関係については解釈ないし個別の合意に委ねられることとなりました。

　費用償還債務の移転については、判例（最判昭和46年2月19日民集25巻1号135頁参照）でも一般的な理解でも新所有者に当然に移転すると解されていることから、これが明文化されます。

●実務に影響があるポイント●

　賃貸人たる地位が移転する時に新所有者に移転する敷金返還債務の充当の関係については、判例と実務とが一致していませんでした。多くの判例法理が明文化された中、この点については、法定は見送られたので、解釈ないし個別の合意に委ねられることになります。

Q65 賃貸借の存続期間についての定めはどのように変わりますか？

A 現行法の20年が、50年に改められることとなります。

賃貸借の存続期間の上限を20年とする従前の規定について、特則のおかれている借地借家法等ではなく民法の適用がある賃貸借であっても、長期の存続期間を定めるニーズがあることから、これを廃止することも検討されました（中間試案）が、一方、長期の存続期間を一般に認めることは賃借物の損傷や劣化が顧みられない状況が生じかねないこと等から、上限を50年としたうえで規定は維持されることとなりました。なお、必要に応じて特別法で対処されると考えられます。

●実務に影響があるポイント●

例えばゴルフ場の敷地の賃貸借、重機やプラントのリース契約等、借地借家法の適用のない賃貸借について、存続期間の上限が50年になります。

Q66 賃貸中の不動産を譲渡する場合における、賃貸人の地位についての定めはどのように変わりますか？

A 不動産の譲渡人・譲受人が、賃貸人たる地位を譲渡人に留保する旨、および当該不動産を譲受人が譲渡人に賃貸する旨の合意をしたときは、賃貸人たる地位は、譲受人に移転しないこととなりました。

賃貸中の不動産を譲渡する場合における賃貸人の地位は、賃借権が対抗力を有する場合には、不動産の譲受人に賃貸人の地位が当然に承継される

【図表66-1】 旧所有権者が賃貸人の地位に留まる場合とは

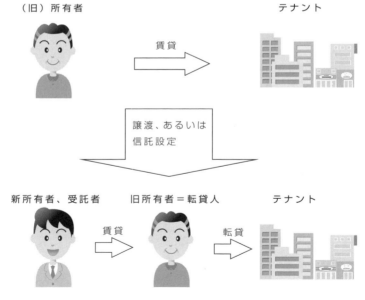

1．賃貸人たる地位を留保する旨の合意
2．新所有者を賃貸人、旧所有者を賃借人とする賃貸借契約の締結
※テナントの承諾は不要

ことが原則ですが、旧所有者と新所有者との間の合意によって賃貸人たる地位を旧所有者に留保するニーズがあり、そのための要件が定められたものです。判例（最判平成11年3月25日判時1674号61頁）は、留保する旨の合意があるだけでは足りないとしており、その趣旨を踏まえ、①賃貸人たる地位を留保する旨の合意に加え、②新所有者を賃貸人、旧所有者を賃借人とする賃貸借契約の締結が要件とされることになりました。

また、かかる、新所有者を賃貸人、旧所有者を賃借人とする賃貸借契約が終了したときは、改めて賃貸人たる地位が旧所有者から新所有者またはその承継人に当然に移転する、というルールが設けられます。

●実務に影響があるポイント●

旧所有者が引き続き賃貸人の地位に留まるための要件が明確化されました。具体的には、例えば賃貸物件の旧所有者が、信託譲渡やSPCへの譲渡をしつつ、新所有者から同物件を賃借してこれを従前のテナントに転貸する場合に、これまではテナントから個別に同意を得る必要がありましたが、改正後は、新旧所有者間の合意のみにより、旧所有者が安定的に引き続き賃貸人として対応することが可能になります。

第23節 委任

Q67 受任者の自己執行義務についてはどのような定めがされるのですか？

A 受任者は「委任者の許諾を得たとき、又はやむを得ない事由があるとき」以外は、事務処理を第三者に委任すること（復委任）ができないことと、代理権を伴う委任の復委任がなされた場合、復受任者が委任者に対して受任者と同一の権利を有し義務を負う旨が定められます。この２つの定めの趣旨は、現行法の解釈において一般に認められているもので、その規律内容に関する特段の変更はありません。

1 要綱の内容

(1) 要綱第１点

受任者の自己執行義務に関する要綱の第１点は、委任が委任者と受任者の間の信頼関係を基礎とする制度であり、受任者は委任事務を原則として自分自身で処理する義務（自己執行義務）を負うという考えから、受任者は「委任者の許諾を得たとき、又はやむを得ない事由があるとき」という２つの場合以外は、事務処理を第三者に委任すること（復委任）が許されないとするものです。

(2) 要綱第２点

受任者の自己執行義務に関する要綱の第２点は、復委任が許される場合において、代理権を付与された委任の受任者がさらに代理権を有する復受任者を選任した場合の復受任者と委任者の間の関係を定めるものです。この場合、復受任者は委任者に対し、受任者と同一の権利を有し義務を負う

ものとされます。

2　現行からどこが変わるのか

(1)　要綱第1点について

　要綱第1点は、「代理」の制度における民法第104条と同様の趣旨を「委任」について定めるものです。現行民法の下で一般的に認められている内容を明文で定めるものに過ぎず、実質的な規律の変更はありません。

　ちなみに、他人に事務処理を任せる制度として「委任」と類似する「信託」においては、他人の事務処理を任された信託の受託者がその事務処理をさらに第三者に委託することが認められる場合として、受託者の第三者への事務委託について信託行為に定めがある場合や、信託目的に照らしてやむを得ない事由がある場合だけでなく、「信託の目的に照らして相当であると認められる」場合にも、第三者への事務委託ができるものとされています（信託法28二）。このように信託において、第三者への事務委託が、委任に関する改正案である要綱第1点と比べても広く認められる理由については、信託の場合は、一般に、受託者の事務処理が広く信託財産の管理全般に亘り受託者自身で処理することが却って適当でない場合も多いのに対し、委任の場合は、一般に、事務処理の範囲が特定されている場合が多く、受任者自身で処理可能な場合が多いことによるためとする趣旨の説明があります（寺本昌広著『逐条解説新しい信託法〔補訂版〕』商事法務、平成20年、111頁参照）。

(2)　要綱第2点について

　要綱第2点の内容は、復代理に関する民法第107条第2項の定めのうち、復代理人の本人に対する関係に関する部分と同様の趣旨を復委任について定めるものです。現行民法の下で一般的に認められている内容を明文で定めるものに過ぎず、実質的な規律の変更はありません。

●実務に影響があるポイント●

　上述の通り、受任者の自己執行義務に関する定めは、現行法に規定はないものの、解釈上認められてきた規律を明文化するものに過ぎず、実質的な規制内容の変更はありません。したがって、実務への影響は特段ないものと考えられます。

第23節　委任

Q68　報酬についてはどのような変更がありますか？

A　第1点として、受任者の事務処理の成果に対して委任者が報酬を支払う方式の委任（「成果完成型委任」）について、その報酬の支払時期に関する特則を新設しています。

第2点として、委任契約の成立後、委託者の責めに帰することのできる事由によらないで委任事務の履行ができなくなったときや、委任が解除等により中途で終了したときにも、一定の報酬請求権が発生する旨を、履行割合型委任（委任事務遂行の結果を問わず一定期間の受任者による労務の提供に対して報酬を支払う方式の委任をいいます）と成果完成型委任のそれぞれに即して定めています。

1　要綱の内容

(1)　要綱第1点

委任事務処理の対価として委任者が受任者に対して支払うべき報酬の支払時期については、民法第648条第2項に規定があり、「委任事務を履行した後」（ただし、期間をもって定めたときは「その期間が経過した後」（民法624②の準用））と規定されています。このような報酬支払時期の定めは、履行割合型委任に適合したものと考えられます。これに対し、委任報酬に関する要綱第1点は、履行割合型委任と異なる、例えば弁護士に訴訟を委任したり、不動産業者に不動産取引の仲介を委任する場合に通常行われるような、成果完成型委任に適合した報酬支払時期の定めを追加しています。その内容は、成果に対して報酬を支払う点において成果完成型委任と共通する「請負」における報酬の支払時期の定めに準じています。

(2)　要綱第2点

委任報酬に関する要綱第2点は、委任契約の成立後、委託者の責めに帰

することのできる事由によらないで委任事務の履行ができなくなったときや、委任が解除等により中途で終了したときにも、一定の報酬請求権が発生する旨を定めるものです。要綱は、履行割合型委任については、すでに履行された割合に応じて報酬請求権が発生する旨を定め、成果完成型委任については、成果に対して報酬を支払う点において共通する請負に関する要綱を準用し、すでに得られた結果が可分でありかつその可分な結果の給付をもって注文者が利益を得るのであればその結果を成果とみなし、その給付により得られる注文者の利益に応じて報酬請求権が発生するものとしています。

2 現行からどこが変わるのか

(1) 要綱第1点について

　現行民法の委任報酬の支払時期に関する定めが履行割合型委任に適合した規律のみと考えられることから、現行民法の下で成果完成型委任を行う場合には、当事者間で特約をしない限り、履行割合型委任に適合した内容の報酬支払時期の規律が適用されてしまいますが、要綱第1点により成果完成型委任に適合した規律が追加されれば、履行割合型委任には履行割合型委任に適合した規律が、成果完成型委任には成果完成型委任に適合した規律が、それぞれ当事者間の特約なしに適用されることになります。

(2) 要綱第2点について

　委任が中途で履行不能または終了となった場合に報酬請求権が発生するかどうかにつき、現行民法においては、「受任者の責めに帰することができない事由によって履行の中途で終了したとき」「既にした履行の割合に応じて」請求できるものと規定され、受任者の責めに帰することができる事由によって履行が中途で終了したときは、受任者の報酬請求権は一切発生しないものと解されていますが、要綱第2点は、「委任者の責めに帰することができない事由によって委任事務を履行することができなくなった

とき」受任者の一定の報酬が発生するものとしているので、受任者の責めに帰することのできる事由により委任が中途で履行不能または終了となった場合でも、受任者は一定の報酬を請求できることになります。なお、受任者の責めに帰することができる事由により委任者に損害が生じた場合、委任者が別途その損害の賠償を受任者に対して請求することは妨げられません。

　また、要綱第2点は「委任者の責めに帰することができない事由によって」とあり、委任者の責めに帰することができる事由によって委任事務を履行することができなくなった場合が除外されていますが、これは、後者の場合において、危険負担に関する定めである民法第536条第2項が適用される余地を残したものと考えられます。同項は、双務契約（請負や有償委任も含まれます）に適用される共通の規律として、債権者（請負の場合の「注文者」、有償委任の場合の「委任者」）の責めに帰することができる事由により債務者（請負の場合の「請負者」、有償委任の場合の「受任者」）が履行不能となった場合に債務者が反対給付を受ける権利を失わない旨を定めたものです。判例は、請負に関し、注文者の責めに帰することのできる事由により完成が不能となった場合には、請負者は報酬全額を請求し得るとしています（最判昭和52年2月22日民集31巻1号79頁）。

　ところで、信託法第54条第4項は、信託の受託者の受けるべき信託報酬について、現行民法の委任報酬に関する条文（民法648②および③）を準用していますが、当該規定は上記のように履行割合型委任に適合とした規律と考えられるところ、要綱のように民法に成果完成型委任に適合した規律が追加され、信託法がその定めも準用することになれば、信託事務処理の成果に対して信託報酬を支払う方式の信託について、上記の成果完成型委任と同様の規律が準用されることになると考えられるので、注目されます。

●実務に影響があるポイント●

(1) 要綱第1点について

　要綱第1点により、成果完成型委任の報酬支払時期に関する規律が定められることに関し、現行法の下においても成果完成型委任について、要綱第1点と同様の趣旨の報酬支払時期を特約している場合が多いと思われ、その場合については基本的にあまり影響がないと考えられますが、もしも要綱と異なる内容の特約を置くときは、特に相手方が消費者の場合、当該特約が要綱よりも消費者の権利を制限または義務を加重するものであれば、消費者契約法第10条との関係で、信義則に反し消費者の利益を一方的に害する条項として無効とされることがないように、その内容につき注意が必要と思われます。

(2) 要綱第2点について

　要綱第2点については、以下、銀行が有償の受任者となる業務を考えます。

　第1に、例えば、成果完成型委任において、委任が中途で履行不能または終了となった場合でも一定の報酬請求権が生じるという規律が設けられる点については、従来であれば、そのような場合の報酬の取扱いにつき特約がなければ、成果完成型であることから報酬請求権は一切発生しないとも考えられたところ、要綱によれば、結果が可分でありその給付が委任者の利益となるのであれば、全額ではないにせよ、一定の報酬請求権は発生することになるので、その点に関しては、銀行にとって不利な内容ではないと思われます。

　第2に、要綱によれば、銀行の責めに帰することができる事由により中途で委任事務が履行不能または終了となった場合においても、銀行は一定の報酬を受領できることとなりますが、銀行の責めに帰することができる事由により中途で委任事務が履行不能となった場合には、別途銀行に損害賠償義務が発生し得ることにも留意が必要と思われます。

Q69 委任の任意解除権については、どのように変わりますか?

A 委任の当事者は双方ともいつでも自由に委任を解除できるが、相手方に不利な時期に解除した場合は、相手方の損害を賠償しなければならない（ただし、やむを得ない事由があったときは、この限りでない）という現行法上の規律に追加して、委任者の利益だけでなく受任者の（報酬取得以外の）利益をも目的とする委任についても、委任者は自由に解除できるが、受任者の損害を賠償しなければならない（ただし、やむを得ない事由があったときは、この限りではない）という規律を新設するものです。

1 要綱の内容

　委任の当事者は双方ともいつでも自由に委任を解除できる（すなわち、任意解除権を有する）という現行法における大原則を維持し、相手方に不利な時期に解除した場合は、相手方の損害を賠償しなければならない（ただし、やむを得ない事由があったときは、この限りでない）という現行法上の規律（以下「第1の規律」という）も維持したうえで、さらに、委任者の利益だけでなく受任者の（報酬取得以外の）利益をも目的とする委任を委任者が解除した場合にも、委任者は受任者の損害を賠償しなければならない（ただし、やむを得ない事由があったときは、この限りではない）という規律（以下「第2の規律」という）を追加するものです。

　なお、目的とする受任者の利益が、委任報酬の取得以外にない委任については、第2の規律の適用はありません。

2 現行からどこが変わるのか

(1) 任意解除権の徹底

　現行民法から大きく変わるのは、第2の規律が追加される点です。現行民法の規定には規定がありませんが、受任者の利益をも目的とする委任について、委任者の解除権自体が制限されるものとする古い判例（大判大正9年4月24日民録26輯562頁）があります。これに対し、比較的新しい判例は、「受任者の利益をも目的とする委任」であっても委任者による解除が許される場合があることを認め（最判昭和40年12月17日裁判集民事81号561頁、最判昭和56年1月19日民集35巻1号1頁）、あるいは、「受任者の利益をも目的とする委任」として委任者の解除権が制限される場合の「受任者の利益」とは、報酬取得の以外の利益でなければならない（最判昭和58年9月20日集民139号549頁）ものとし、委任者の解除権が制限される場合を狭めてきています。

　第2の規律は、これらの比較的新しい判例の流れを押し進め、そもそも委任は委任者の利益のための制度であるから、受任者の利益をも目的とする委任であっても、受任者の利益を保護する必要はあるものの、そのために委任者の任意解除権を否定する必要はなく、解除により受任者が受ける損害は委任者が賠償すれば足りるという考えに立って、ついに、受任者の（報酬取得以外の）利益をも目的とする委任についても任意解除権を認めることを明文化したものと思われます。

(2) 損害賠償の範囲

　委任者が、第1の規律により委任を解除する場合の受任者の損害の範囲は、「解除の時期が不当であることに起因する損害のみ」とされるのに対し、第2の規律により解除する場合は、「委任契約が解除されなければ受任者が得たと認められる利益から、受任者が債務を免れることによって得た利益を控除したものになると考えられる」と論じられています。すなわ

ち、第1の規律による解除の場合と第2の規律による解除の場合とで委任者が賠償すべき受任者の損害の範囲が異なるということが議論されている点に注意が必要と思われます（民法（債権関係）部会資料72A、17頁）。

●実務に影響があるポイント●

　銀行実務において、委任が関わる場面は多いと思われますが、影響があるのは、特に第2の規律が関係する場合と考えられます。すなわち、銀行が受任者となる委任で、銀行の（委任報酬以外の）利益も目的となっているもの、典型的には、銀行債権の保全を目的とする委任について、委任者（債務者）からの任意の解除を認める第2の規律は、銀行実務に大きな影響があるものと思われます。なぜならば、銀行債権の保全を目的とした委任が債務者から第2の規律により解除された場合、銀行は債務者に対する損害賠償請求権を取得するものの、仮に債務者の信用状態が悪化していれば、そのような債務者に対して損害賠償請求権を取得しても実質的に意味が乏しいからです。したがって、そのような委任契約については、第2の規律にかかわらず、委任者の解除権を放棄させる趣旨の特約を置くことを検討する必要があると思われます。ただ、第2の規律と異なる内容の特約を置く場合、まず第2の規律が任意規定であることが前提となります（現行民法の下においても銀行実務上委任者の解除権を放棄させる旨の特約は存在し合理性が認められるものと考えられるので、第2の規律は、当然、任意規定と解されるべきものと思われますが、現時点においては必ずしも明確でないものと思われます）。そこで、第2の規律が任意規定であると仮定して、上記の特約を置くことを検討する場合、委任者が事業者の場合は特段問題ないと思いますが、委任者が消費者の場合は、第2の規律が解除を認めている以上、解除権を放棄させる特約は、任意規定に反し消費者の権利を制限する特約となるので、消費者契約法第10条との関係で、当該特約が信義則に反し一方的に消費者の利益を害する無効なものとされないように、その内容について十分注意が必要と思われます。

第24節 消費寄託

Q70 預貯金以外の消費寄託についての主な変更点を教えて下さい。

A 消費寄託について、現行法は、消費貸借に関する規定をほぼ全面的に準用していますが、要綱では、消費貸借に関する規定で準用されるものは、預貯金以外の消費寄託については、貸主の担保責任に関する規定と借主の価額償還義務に関する規定のみで、あとは寄託に関する規定が適用されます。その結果、預貯金以外の消費寄託については、特に期間の定めのあるものについて、寄託物の返還に関する規律が大きく変わります。

1 要綱の内容

　要綱は、消費貸借に関する規定の全面的な準用を廃止したため、まず、消費寄託において受寄者が負う返還義務の内容を明示する規定を新設しています。その内容は消費貸借と同じ（受け取った物と「種類、品質及び数量の同じ物」）です

　要綱は、次に、預貯金以外の消費寄託において準用される消費貸借に関する条文を示しています。具体的には、貸主の担保責任に関する規定（民法590）と価額の償還に関する規定（民法592）の2つの条文が準用されます。

　なお、預貯金契約により金銭を寄託した場合には、さらに消費貸借の期限前弁済に関する規定（要綱による変更後の民法第591条第2項）が準用される旨を定めています。預貯金契約については、項を改め、Q71にて説明します。

2 現行からどこが変わるのか

　現行民法は、消費寄託について消費貸借に関する規定をほぼ全面的に準用しています。これに対し、要綱においては、消費寄託と消費貸借とは寄託物の所有権が移転する点に共通性があるけれども、消費寄託は寄託者の利益のための制度であり、消費貸借は借主の利益のための制度であって、消費寄託については所有権の移転に関わる部分以外は寄託に関する規制に従うべきであるという考えから、消費貸借に関する規定のうち準用される

【図表70-1】　預貯金以外の寄託物の返還に関する現行民法と要綱の比較表

		現行民法	要綱
期間の定めなし	寄託者からの返還請求	いつでもできる（現行民法第666条第2項）。	いつでもできる（要綱による変更後の民法第662条第1項）。
	受寄者からの返還	いつでもできる（現行民法第591条第2項）。	いつでもできる（現行民法第663条第1項）。
期間の定めあり	寄託者からの期限前の返還請求	できない（できる旨の規定なし。）。	いつでもできる。この場合において、寄託者は、期限前の返還により受寄者に生じた損害の賠償義務を負う（要綱による変更後の民法第662条）。
	受寄者からの期限前の返還	いつでもできる（現行民法第591条第2項）。ただし、期限の利益の放棄により相手方の利益を要することはできない（現行民法第136条第2項参照）。	やむを得ない事由がなければできない（現行民法第663条第2項）。

のは、預貯金以外の消費寄託については、上記の通り、貸主の担保責任に関する規定と借主の価額償還義務に関する規定のみに限られます。そのため、特に期間の定めがある場合の寄託物の返還に関する規律が大きく変わります。預貯金以外の消費寄託について寄託物の返還に関する規律が要綱によりどう変わるかについては、【図表71-1】をご覧下さい。

●実務に影響があるポイント●

銀行が預貯金以外の消費寄託取引に関わることはあまり多くないと思われ、銀行実務への影響も基本的にあまりないものと考えられます。僅かに、金の消費寄託取引があるようですが、上の表の通り、特に期間の定めがある場合の期限前の返還につき規律が変わることに留意し、この規律より、寄託者の権利を制限し、または、寄託者の義務を加重する内容の特約を特に消費者との間で結ぶとき（この規律と異なる内容の特約を結ぶ場合、まず、この規律（要綱による変更後の民法第662条および現行民法第663条第2項）が任意規定であることが前提となりますが、現行民法第662条および第663条が任意規定と解されていることから、おそらく要綱の下においても両条項は任意規定と解されるものと考えて差し支えないと思われます）は、消費者契約法第10条との関係で、信義則に反し消費者の利益を一方的に害する無効な特約であるとされないように、その内容につき注意する必要があると思われます。

第 24 節　消費寄託

Q71　消費寄託としての預貯金に係る主な変更点を教えて下さい。

A　消費寄託について、現行法は、消費貸借に関する規定をほぼ全面的に準用していますが、要綱では、消費寄託としての預貯金について消費貸借に関する規定で準用されるものは、貸主の担保責任に関する規定と借主の価額償還義務に関する規定（これらは預貯金以外の消費寄託と同じ）、そして借主からの返還の時期に関する規定（要綱による内容の一部変更がある）に限られ、あとは寄託に関する規定に従います。その結果、預貯金については、特に期間の定めのある場合の寄託者からの期限前の返還請求に係る規律が大きく変わります。

1　要綱の内容

　預貯金契約を含む消費寄託全体に係る要綱の内容に関しては、Q70**1****2**の解説を参照して下さい。

2　現行からどこが変わるのか

　Q70**2**において述べたとおり、要綱においては、消費寄託と消費貸借とは寄託物の所有権が移転する点に共通性があるけれども、消費寄託は寄託者の利益のための制度であり、消費貸借は借主の利益のための制度であって、消費寄託については所有権の移転に関わる部分以外は寄託に関する規律に従うべきであるという考えから、消費貸借に関する規定のうち消費寄託に準用されるものは、預貯金以外については、貸主の担保責任に関する規定（民法590）と借主の価額償還義務に関する規定（民法592）の2条だけ、預貯金については、この2条に消費貸借に関する借主からの返還の時期に関する規定（要綱による内容の一部変更がある）を加えたものだけ

となります。その結果、特に期間の定めがある預貯金について、寄託者からの期限前の返還請求の規律が大きく変わりますが、受寄者からの期限前の返還（具体的には、銀行側から行う定期預金の解約等）については現行とほぼ同じ内容の規律となります。

　詳細は、以下の表をご覧下さい。

【図表 71-1】預貯金の返還に関する現行民法と要綱の比較表

		現行民法	要綱
期間の定めなし	寄託者からの返還請求	いつでもできる（現行民法第666条第2項）。	いつでもできる（要綱による変更後の民法第662条第1項）。
	受寄者からの返還	いつでもできる（現行民法第591条第2項）。	いつでもできる（現行民法第663条第1項）。
期間の定めあり	寄託者からの期限前の返還請求	できない（できる旨の規定なし。）。	いつでもできる。この場合において、寄託者は、期限前の返還により受寄者に生じた損害の賠償義務を負う（要綱による変更後の民法第662条）。
	受寄者からの期限前の返還	いつでもできる（現行民法第591条第2項）。ただし、期限の利益の放棄により相手方の利益を害することはできない（現行民法第136条第2項参照）。	いつでもできる。この場合において、相手方が期限前の返還により損害を受けたときは賠償請求できる（要綱による変更後の民法第591条）。

●実務に影響があるポイント●

(1) 定期預金等期間の定めがある場合の預金者（寄託者）からの中途解約請求（期限前返還請求）への対応
　① 中途解約の拒絶について
　　　上の表でも明らかなように、期間の定めがある場合の期限前の寄託者（預金者）からの返還請求はできないというのが、現行法における裁判例も含めた一般的な解釈と思われますが、要綱においては、これができることとなります。この場合、受寄者（銀行）としては、期限前の返還により損害を受ければ寄託者（預金者）に対して損害賠償を請求することができますが、期限前の返還そのものを拒絶することは、民法上の規律としては、できなくなると考えられます。
　　　そもそも定期預金の預金者からの期限前解約請求に対し銀行が拒絶権を持つことの究極の必要性は、昭和2年の金融恐慌のような緊急事態への対抗手段を確保するためと考えられます（牧山市治「定期預金の期限前中途解約による払戻請求権の有無」金融法務事情1861号24頁）。ところが、期間の定めのある場合でも寄託者の期限前の返還請求を認める要綱のような規律の下で銀行が上記の対抗手段を確保するためには、何らかの特約をもって定期預金の預金者が保有する中途解約請求権そのものを放棄させるほかないものと思われます。その場合、まずこの規律が任意規定であることが前提となります。上記のような緊急事態への対抗手段として預金者の中途解約請求権を放棄させる特約が合理的に必要であるとすれば任意規定と解されるべきと思われますが、現時点においては必ずしも明確ではありません。そこで、仮に任意規定であることを前提とすれば、現在の定期預金約款の内容で対応可能なのかどうか、検討が必要と思われます。より具体的には、預金者が事業者の場合には、民法上認められた預金者の中途解約請求権を放棄させる特約の効力を主張することが権利濫用とされないのはどのような場合か、預金者が消費者の場合は、預金者の権利を制限する特約について、消費者契約法第10条との関係で信義則に反し一方的に消費者の利益を害するものとして無効とされないためにはどのような内容とすべきか等について検討が必要になると思われます。
　② 中途解約に応じる場合の利息の減額について
　　　上記①の緊急事態には該当しない場合において、銀行が中途解約請求に応じるときは、満期までの安定運用を前提とした相対的に高い利率による定期預金利息ではなく、相対的に普通預金利率等の低い利率による中途解約利息を付け

ることが現行の実務において広く行われているところであり、このような実務には合理性も認められると思われます。ところが、要綱においては、要綱第32の6の準用により、中途解約請求に応じる銀行に損害賠償請求権が与えられるものとされています。そこで、このような規律の下で、上記のような中途解約時に相対的に低い利率を適用する実務運営を継続する場合、現行の約款内容で対応可能か等について、消費者契約法第10条等を念頭に置きながら検討する必要があると思われます。

(2) 期限未到来の定期預金を受働債権として相殺する場合の問題

　上の表にある通り、預貯金について期間の定めがある場合でも、期限前に銀行から預金者に返還することが、要綱においてはいつでもできる（預貯金以外の消費寄託と異なり、「やむを得ない事由」は不要。Q71の表参照）こととされるので、現行法の下におけると同様、銀行は預金者に対して直ちに請求可能な反対債権を有していれば、期限未到来の定期預金を受働債権としていつでも相殺することができます。

　なお、この場合、預金者は期限前の返還に応じることにより被った損害の賠償を銀行に対して請求することができますが、この損害の範囲が問題になります。考え方としては、①満期までの定期預金利息、②相殺時までの定期預金利息および③相殺時までの中途解約利息（具体的には普通預金利率等により算出する）のいずれかと思われ、少なくとも特約がなければ①が有力かと思われるところですが、特約により上記の②または③の扱いとすることが可能か、特に預金者が消費者である場合、消費者契約法第10条等との関係でどうか等、種々の検討が必要と思われます。

第 25 節　組合

第25節　組合

Q72　組合員の債権者は、組合財産を差し押さえることはできますか？

A　組合員の債権者は、組合財産について権利行使をすることはできません。組合の債権者のみが組合財産を差し押さえることができます。

1　現行法の規律

　現行法においては、「各組合員の出資その他の組合財産は、総組合員の共有に属する。」（民法668）と定められているものの、例えば、組合員による組合財産についての持分の処分は組合および組合と取引した第三者に対抗できず、清算前に組合財産の分割を請求できないことが規定されており（同法676①、②）、組合財産の共有（一般に「合有」と称されている）は、物権編の「共有」（同法249以下）とは異なる帰属態様と理解されています。

　組合財産は、総組合員に非分割的、共同的に帰属すると解され、このことは、組合の債務者が、その債務（＝組合財産である債権に係る債務）と組合員に対する債権を相殺することを禁止されていることからも導かれます（そうでなければ、組合財産である債権は、個々の組合員に分割帰属し、組合員の債権者からの相殺が有効となる）が、組合財産に関する、組合の債権者、債務者、組合員の債権者等の権利義務関係についての明文の定めは少なく、条文からは明確ではありません。

2 要綱の提案

(1) 組合員の債権者と組合財産との関係

要綱においては、「組合員の債権者は、組合財産についてその権利を行使することができない。」旨の規律を設けることが提案されています（要綱第39の4(2)）。

現行法においては、組合員が組合財産上の持分を処分することは禁止されています。持分の処分を許すことは組合活動の財産的基礎を損なうことになることから、これを禁止するというのがその趣旨です。このことから組合員の債権者が当該組合員の組合財産上の持分を差押え、仮差押えの対象とすることはできないと解されており、上記提案は、この解釈を一般化する形で明文化するものです。

もっとも、組合財産については公示方法がないことから、組合員の債権者は、組合員の名義となっている財産について強制執行の申立てを行い、組合側で第三者異議の訴え等により強制執行の不許を求めることになります。

(2) 組合債権の分割行使の禁止

要綱においては、「組合員は、組合財産である債権について、その持分についての権利を単独で行使することができない。」旨の規律を設けることが提案されています（要綱第39の4(1)）。

現行法においては、組合活動の財産的基礎を確保する観点から、組合財産である債権について民法第427条の当然分割についての規律が妥当しないことを前提に、当該債権の債務者がその債務と組合員に対する債権とを相殺することを禁じ（民法677）、また、組合員は清算前に組合財産の分割を求めることができないとされています（同法676②）。これらの規定から、「組合財産である債権は、総組合員が共同してのみ行使することができ、個々の組合員が組合財産である債権を自己の持分に応じて分割して

行使することはできない」と解されています（大判昭和13年2月12日民集17巻132頁参照）。

上記の提案は、この規律を一般化するものです。

なお、組合財産である債権についてのみ規律を設け、組合財産である物権について規律を設ける提案がないのは、物権については、共有物等につき当然分割の規律は採用されておらず、清算前に組合財産の分割を求めることができないとする規定も存するからです。

(3) 組合の債権者の権利

要綱においては、「組合の債権者は、組合財産についてその権利を行使することができる。」旨の規律を設けることが提案されています（要綱第39の3(1)）。

現行法においては、組合の債務は、各組合員に分割されて帰属するのではなく、1個の債務として総組合員に帰属し、組合財産がその引当てとなると解するのが一般的ですが、明文の規定が設けられていないことから、これを条文化して組合財産および組合債務に関する規律の内容を明らかにするものです。

(4) 組合の債権者による組合員の固有財産への権利行使

要綱においては、組合の債権者による組合員の固有財産への権利行使について、「組合の債権者は、その選択に従い、各組合員に対して損失分担の割合又は等しい割合でその権利を行使することができる。ただし、組合の債権者がその債権の発生の時に各組合員の損失分担の割合を知っていたときは、その割合による。」と提案されています（要綱第39の3(2)）。

現行法においては、組合の債権者は、組合財産に対して権利行使をすることが可能であると同時に、組合員の固有財産（組合財産以外の財産）に対しても権利を行使することは可能です。各組合員は、その債権の発生の時に各組合員の損失分担の割合が決まっていれば、その割合で、決まっていなければ、各組合員等分で負担することになります。しかしながら、必

ずしも組合内部の取り決めについて組合債権者が損失負担の割合を知っているわけではなく、組合から損失負担割合の取り決めがあることを知らされていない組合債権者は、各組合員等分で負担することを期待していると考えられます。こうした組合債権者の期待を保護するために、現行法では、組合の債権者が損失分担の割合が知らない場合には、各組合員等分にその権利を行使できるとしていますが、この場合、組合の債権者が損失分担の定めを知らないことを立証する責任を負います。

要綱においては、この立証責任を変更しています。すなわち、損失分担の定めがあるにもかかわらず各組合員等分で組合債権者より請求された場合には、各組合員の方で、債権者がその定めを知っていたことを立証しなければなりません。

債権者に組合員相互の損失分担の割合を知らなかったことの証明を求めるよりも、均等割合を原則としたうえで、これと異なる分担割合の定めがある場合には、各組合員において、これを債権者が知っていたことを証明するようにすべきであるという指摘に基づき、立証責任の所在が変更されたのです。

●実務に影響があるポイント●

- 組合財産が、総組合員に非分割的、共同的に帰属し、個々の組合員個人の債務の引当てにならない等の一般的な理解が条文化されたもので実務に大きな影響はありません。
- 組合債権者が、各組合員に権利行使する場合の立証責任を転換されたことは、改正前に比して組合債権者が各組合員の固有財産からの回収を容易にするものの、回収の確実性を担保するためには、組合と取引する場合には組合契約等において損失分担の定めがないことを事前に確認する必要があります。

第25節　組合

Q73 組合と取引する場合には、誰と契約すればよいのでしょうか？

A　業務執行組合員が定められている場合には、業務執行組合員のみが組合を代理するので業務執行組合員を相手方として契約します。業務執行組合員が定められていない場合には、契約締結することおよび契約相手となる組合員に代理権を付与することについて、組合員の過半数の同意があることを確認の上、組合を代理する組合員を相手方に契約を締結することになります。

1　現行法の規律

　現行法においては、「組合の業務の執行は、組合員の過半数で決する。」(民法670①)、「前項の業務の執行は、組合契約でこれを委任した者(次項において「業務執行者」という)が数人あるときは、その過半数で決する。」(民法670②)と定められ、組合契約に関係する業務執行についての決定方法についての定めはあるものの、誰が業務執行を行い、また、誰が対外的に組合を代表もしくは代理して契約の締結を行うかについての定めはありません。

2　要綱の提案

(1)　組合の業務執行

　要綱においては、民法第670条第1項、第2項を改め以下の趣旨の条項を定めることを提案しています(要綱第39の5、6)。

　① 　業務執行者を選任しない場合には、組合の業務は、組合員の過半数をもって決定し、各組合員がこれを執行する。

　② 　業務執行者を選任する場合には、業務執行者は、組合の業務を決定

し、これを執行する。業務執行者が数人あるときは、組合の業務は、業務執行者の過半数をもって決定し、各業務執行者がこれを執行する。

③　業務執行者を選任する場合でも総組合員の同意によって組合の業務を決定し、または執行することは、妨げられない。

①の提案については、業務執行者が存しない場合には、各組合員が業務執行権を有するという現行法における一般的理解を明文化するというものです。

②の提案については、業務執行者が複数選任されている場合には、過半数をもって決定し、各業務執行者が執行できるとする現行法における一般的理解を明文化するというものです。

③の提案については、業務執行者が選任されている場合であっても、組合員が業務執行できるかどうか、現行法においては必ずしも明らかとされていないところですが、代理の法理からすると、業務執行者に業務を委任する総組合員の同意をもって、業務執行者に委ねず、業務を決定し、執行することは可能という理解によるものです。

なお、組合の常務に関する執行については、改正提案がなされておらず、業務執行者が選任されていない場合には各組合員が決定し執行できる、業務執行者が選任されている場合には、業務執行者が決定し業務執行者が執行する（民法670③）と理解されています。

(2)　組合代理

組合は法人格を持たないので、法律行為の主体となることができないため、組合が第三者と法律行為を行うには、代理の形式を用いざるを得ませんが、誰が組合を代理するかについては、現行法に規定がなく、要綱では以下の提案がされています（要綱第39の7）。

①　各組合員が他の組合員を代理して組合の業務を執行するには、組合員の過半数の同意を得なければならない。ただし、組合の常務は、各

組合員が単独で他の組合員を代理して行うことができる。
② 　業務執行者があるときは、①にかかわらず業務執行者のみが組合員を代理する権限を有する。
③ 　業務執行者が数人ある場合において、各業務執行者が組合員を代理して組合の業務を執行するには、業務執行者の過半数の同意を得なければならない。ただし、組合の常務は、各業務執行者が単独で組合員を代理して行うことができる。

　①の提案は、業務執行者の選任をしない場合には組合員全員が業務執行権を有するため、原則は、組合員全員で対外的な意思表示をすることになるところ、実際には、組合員の中から組合を代理する者を選任するのが通常と考えられることから、その場合の手続きについて判例（大判明治40年6月13日民録13輯648頁、最判昭和35年12月9日民集14巻13号2994頁参照）に従い組合員の過半数の同意がいるとして明確にしたものです。

　②の提案は、組合の業務執行を委任する際には代理権も一般的に付与されたものとみるべきであると解されている（大判明治44年3月8日民録17輯104頁、大判大正8年9月27日民録25輯1669頁参照）ことを踏まえ、明文化するものです。組合の常務についても、業務執行者のみが組合を代理することが明確に定められています。

　③の提案は、現行法において、業務執行者が二人以上ある場合には、組合の業務が業務執行者の過半数をもって決定されること（民法670②）を前提に、その業務を執行するために必要な対外的な代理権をどの業務執行者に付与するかについても、業務執行者の過半数をもって決定すべきであると解されていることを踏まえ、明文化されています。

　なお、業務執行者の権限について、組合契約で制限できる点は変わらないので、取引にあたって、組合契約あるいは組合内の決議において業務執行組合員の権限に制限が課されていないか確認することが必要です。

●実務に影響があるポイント●

- 組合の業務執行と組合代理とを区分して規定する提案がされているが、現行法の解釈を明確にしたものと解され、実務への影響は少ない。
- 業務執行者を相手方に取引する場合も、組合員を相手方に取引する場合にも、組合契約および組合の決議内容において権限付与が正当になされているか、権限に制限が課されていないかを確認することが必要です。

Q74 組合についてのその他の改正内容について教えて下さい。

A 組合契約の団体的性格を考慮し、契約総則や民法総則の規律の一部が、組合契約には適用されない、あるいは修正されて適用されることを明確にする規律、組合員の加入・脱退等に関する規律の新設、改正の提案がされています。

1 契約総則の規定の不適用

要綱においては、組合契約に対する契約総則の規定の不適用について、以下の趣旨の規律を設けることを提案されています（要綱第39の1）。

① 第533条（同時履行の抗弁権）の規定は、組合契約については適用しない。

② 第536条（危険負担）の規定は、組合契約については適用しない。

③ 組合員は、他の組合員が組合契約に基づく債務の履行をしないことを理由として、組合契約を解除することができない。

①の同時履行の抗弁権については、現行法においても、概ね、組合契約における同時履行の抗弁の規定の適用に関し、組合員は、他の組合員が出資債務の履行をしないことを理由として、自己の出資債務の履行を拒むことができないと解されています。ただし、業務執行組合員の置かれていない組合においては、出資未履行の組合員から出資の履行を受けた他の組合員は同時履行の抗弁ができると解されています。この場合には、請求を受けた組合員も業務の執行として相手方の出資を請求し得る立場にある以上、同時履行の抗弁権を認めることが組合員相互間の公平に適するというのがその理由です（注1）。

この点について要綱においては、一律、組合契約について同時履行の抗

弁権に関する規定の適用が排除されています。組合の業務の円滑の観点からは、業務執行組合員の置かれていない組合において、出資未履行の組合員から出資の履行を受けたような場合であっても履行の請求を受けた組合員にその履行を拒むことを許すべきではないという批判に応え、これを改めたということです。

②の危険負担については、現行法においては、組合員の出資債務が不可抗力により履行不能となった場合（民法536①参照）については、これまで、当該組合員は将来に向かって脱退するものと解されてきたところ（注2）、改正提案されている規律を適用すると、組合員の一人の出資債務が不可抗力により履行不能となった場合においては、他の組合員が自己の出資債務の履行を拒むことができることになってしまうことになります（注3）。そのままにすると、互いに履行拒絶権を行使し合い、いつまでも出資債務が履行されないことにもなりかねない等の事情を考慮し、組合契約については危険負担に関する規律の適用がないとされています。

③の解除については、現行法においても、組合の団体的性格、民法第683条の組合の解散請求が「やむを得ない事由があるとき」に限り解散請求を許しているほか、その団体的性格に鑑み、組合員の脱退（民法678、679）、組合員の除名（同法680）等の特別の規定が設けられており、一部の組合員に債務不履行等の一般的な解除事由があることを理由として組合契約全体が解除されることはないと解されています。

この理解を前提に、要綱においては、組合契約に基づく債務の履行をしない場合であっても、組合契約を解除することができないとの規律が提案されています。

（注1）中間試案補足説明528頁、同旨 鈴木祿彌編集「新版注釈民法(17)」34頁

（注2）民法（債権関係）部会資料第75A、41頁　同旨 鈴木祿彌編集「新版注釈民法(17)」34～35頁

（注3）民法（債権関係）部会資料第84-1、27頁

2 組合員の一人についての意思表示の無効等

　要綱においては、「組合員の一人について意思表示の無効又は取消しの原因があっても、他の組合員の間においては、組合契約は、その効力を妨げられない。」との規律を設けることが提案されています（要綱第39の2）。

　現行法においては、組合契約については、その団体的性格から、意思表示の無効または取消しに関する規定（無能力、意思欠缺、詐欺、脅迫等）の適用に一定の修正が加えられると解されています。

　具体的には、組合が第三者と取引を開始した後は、組合の団体としての外形を信頼して取引関係に入った第三者の利益を保護する必要があることなどから、組合員の一人または数人について組合契約を締結する意思表示に無効または取消しの原因がある場合であっても、他に二人以上の組合員がいるときは、意思表示に無効または取消しの原因がある組合員のみを脱退させることによって処理するものとして、組合契約全体の効力には影響を及ぼさないようにするべきであると解されています。

　他方、組合が第三者と取引を開始していない場合には、第三者の利益を保護するという要請は働かないから、組合員の一人または数人について組合契約を締結する意思表示に無効または取消しの原因がある場合には、組合契約は、原則どおりに無効とされ、または取り消されることになると解されています（注4）。

　この点について、要綱においては、第三者との取引の開始の前後を問わず、また、ほかに二人以上の組合員がいるか否かを問わず、組合契約に関し、組合員の一部について意思表示または法律行為に無効または取消しの原因があっても、他の組合員の間における当該組合契約の効力は、妨げられないと提案されています。

　組合が第三者と取引を開始する前後で効果を異にすることに対しては、

「第三者と取引をする前であっても残りの組合員の意思を尊重し、組合契約の効力を認める必要があるとも考えられる上、第三者と取引を開始する前か後かをめぐる紛争を生ずるおそれもあり、実務に耐え得るかどうか疑問である」、意思表示に無効または取消しの原因がある組合員のほかに二人以上の組合員がいるか否かによって、組合契約の効力への影響の有無が区別されていることに対しては、「二人以上の組合員が残らない場合の処理は、組合の解散の問題として処理するべきである」（5 に記載の通り、解釈に委ねられている）という指摘が審議会でなされたことから、従来の理解と異なる規律が提案されたものです。

(注4) 中間試案補足説明526～527頁、同旨 鈴木禄彌編集「新版注釈民法(17)」38頁

3 組合員の加入

組合員の加入について、以下の趣旨の規律を設けることが提案されています（要綱第39の3）。

① 組合員は、その全員の同意によって、または組合契約の定めるところにより、新たに組合員を加入させることができる。

② ①の規定により組合の成立後に加入した組合員は、その加入前に生じた組合の債務については、これを弁済する責任を負わない。

①については、現行法の、組合の成立後であっても新たな組合員の加入が可能であること（大判明治43年12月23日民録16輯982頁）を前提に、その要件について、一般的な理解を明文化したものです。

現行法においては、組合成立後の新たな組合員の加入に関して、特段の規定は置かれていないものの、組合員の除名や脱退に関する規定（同法第678条から第681条まで）を置いて、一部の組合員がその資格を失ったとしても、組合そのものは同一性を保持したまま他の組合員の間で存続するものとしていることからすれば、組合員の入れ替わりは当然に予定されているとみるべきであり、新たな組合員の加入も認められるものと解されて

②については、組合の債権者は各組合員の固有財産に対してもその権利を行使することができるとする民法第675条との関係で、新たに加入した組合員がその加入前に生じた組合債務についても自己の固有財産を引当てとする責任を負うかどうかが明らかでないことから、これを否定する一般的な理解を明文化したものです。

4　組合員の脱退

　組合員の脱退について、以下の趣旨の規律を設けることが提案されています（要綱第39の9）。

① 　脱退した組合員は、その脱退前に生じた組合の債務について、従前の責任の範囲内でこれを弁済する責任を負う。
② 　①の場合において、債権者が全部の弁済を受けない間は、脱退した組合員は、組合に担保を供させ、または組合に対して自己に免責を得させることを請求することができる。
③ 　脱退した組合員は、①に規定する組合の債務を弁済したときは、組合に対して求償権を有する。

　①については、現行法上において明確な規定はないものの、脱退した組合員は脱退前に生じた組合債務につき自己の固有財産を引当てとする責任（民法675参照）を、脱退後も負い続けるものと解されており、これを明文化したものです。

　②は、脱退した組合員の保護に関する規律を新設するものです。すなわち、持分の払戻しに際し、脱退した組合員が固有財産を引当てとする責任を負うことを前提に、通常よりも多額の払戻しがされたような場合を除けば、脱退した組合員が脱退後に組合債務を履行することは他人の債務の履行にあたります。このため、当該組合債務の履行がされない段階において、組合は、組合財産をもって当該組合債務を履行したり、債権者から免除を

得たりするなどして、脱退した組合員の固有財産を引当てとする責任を免れさせるか、相当な担保を供して脱退した組合員が不利益を被らないようにしなければならないと解されており、②はこれを明文化したものです。

③は、上述したとおり、脱退した組合員が脱退後に組合債務を履行することは、それを前提に持分の払戻しを得たとの事情がない限りの他人の債務の履行にあたります。このため、脱退した組合員は、脱退前に生じた組合債務を履行したときは、組合に対して求償権を行使することができるものと解されており、その解釈を一般化したものです。

5　組合の解散事由（民法第682条関係）

要綱において、組合の解散事由を、以下の通り現行法より拡張する規律が提案されています（要綱第39の10）。

① 組合の目的である事業の成功またはその成功の不能
② 組合契約で定めた存続期間の満了
③ 組合契約で定めた解散の事由の発生
④ 総組合員の同意

現行法においては、組合の解散事由として、事業の成功または成功の不能（同法682）と、やむを得ない事由があるときの各組合員の解散請求（同法683）とが掲げられています。しかし、組合契約で定めた存続期間が満了した場合、組合契約で定めた解散の事由が発生した場合および組合員全員が解散に同意した場合にも、組合は解散すると解されており、これらの解散事由を明示したものと解されます。

なお、組合員が一人になることが組合の解散事由に当たるかどうかについては実務への影響も勘案し、引き続き解釈に委ねられています。

第 25 節 組合

●実務に影響があるポイント●

　組合契約に基づく出資を履行しない組合員がいる場合の取扱い、加入の際の債務負担、脱退の場合の組合債務の負担等、組合契約において取り決められるべき事項のデフォルトルールが定められています。特に、組合員の一人について意思表示の無効または取消しの原因がある場合において、組合が第三者と取引を開始していないときの規律が、現行法の一般的な理解と異なる内容となっており留意が必要です。

著者一覧（五十音順）

荒巻 慶士（あらまき けいじ）
あさひ法律事務所 弁護士
執筆分担：第2節、第20節

岡田 洋介（おかだ ようすけ）
飯沼総合法律事務所 弁護士
執筆分担：第11節

佐久間 亨（さくま とおる）
三井住友信託銀行 法務部 次長
執筆分担：第13節、第25節

笹川 豪介（ささかわ ごうすけ）
岩田合同法律事務所 弁護士
執筆分担：第12節

関 貴志（せき たかし）
三井住友信託銀行 法務部長
執筆分担：第6節

武井 一彦（たけい かずひこ）
三井住友トラスト・パナソニックファイナンス リスク統括部 部長
執筆分担：第18節

田中 和明（たなか かずあき）
三井住友信託銀行 法務部 法務専門部長
執筆分担：第7節、第8節

茶 めぐみ（ちゃ めぐみ）
三井住友信託銀行 法務部 業務企画チーム 主任調査役
執筆分担：第21節

堂園 昇平（どうぞの しょうへい）
　同志社大学 法学部・法学研究科 教授
　執筆分担：第 19 節

冨田 雄介（とみた ゆうすけ）
　岩田合同法律事務所 弁護士
　執筆分担：第 1 節、第 3 節、第 9 節

早坂 文高（はやさか ふみたか）
　三井住友信託銀行 法務部 審議役
　執筆分担：第 17 節

堀田 あずさ（ほった あずさ）
　三井住友信託銀行 法務部 信託法務チーム長
　執筆分担：第 22 節

松田 和之（まつだ かずゆき）
　三井住友信託銀行 法務部 金融法務チーム長
　執筆分担：第 14 節、第 15 節、第 16 節

松野 幸三（まつの こうぞう）
　三井住友信託銀行 法務部 金融法務チーム 調査役
　執筆分担：第 4 節

真船 秀郎（まふね ひでろう）
　三井住友信託銀行 法務部 金融法務チーム 調査役
　執筆分担：第 23 節、第 24 節

森田 豪丈（もりた たけとも）
　シティユーワ法律事務所 弁護士
　執筆分担：第 5 節、第 10 節

業務への影響をいち早く解説

民法改正で金融実務はこう変わる！

2015年5月29日　発行

編　者	三井住友信託銀行債権法研究会　Ⓒ	
発行者	小泉　定裕	
発行所	株式会社　清文社	東京都千代田区内神田1-6-6（MIFビル） 〒101-0047　電話 03(6273)7946　FAX 03(3518)0299 大阪市北区天神橋2丁目北2-6（大和南森町ビル） 〒530-0041　電話 06(6135)4050　FAX 06(6135)4059 URL http://www.skattsei.co.jp/

印刷：倉敷印刷㈱

■著作権法により無断複写複製は禁止されています。落丁本・乱丁本はお取り替えします。
■本書の内容に関するお問い合わせは編集部までFAX（03-3518-8864）でお願いします。

ISBN978-4-433-55495-8